Erfolgsfaktor
Unternehmenskommunikation

Eva Salzer · Katharina Johannsen
Thomas Reinhold

Erfolgsfaktor Unternehmens- kommunikation

Alles, was Entscheider wissen müssen

Eva Salzer
Frankfurt am Main, Deutschland

Katharina Johannsen
Frankfurt am Main, Deutschland

Thomas Reinhold
Friedrichsdorf, Deutschland

ISBN 978-3-658-38573-6   ISBN 978-3-658-38574-3 (eBook)
https://doi.org/10.1007/978-3-658-38574-3

Die Deutsche Nationalbibliothek verzeichnet diese Publikation in der Deutschen Nationalbibliografie; detaillierte bibliografische Daten sind im Internet über http://dnb.d-nb.de abrufbar.

Springer Gabler
© Der/die Herausgeber bzw. der/die Autor(en), exklusiv lizenziert an Springer Fachmedien Wiesbaden GmbH, ein Teil von Springer Nature 2023
Das Werk einschließlich aller seiner Teile ist urheberrechtlich geschützt. Jede Verwertung, die nicht ausdrücklich vom Urheberrechtsgesetz zugelassen ist, bedarf der vorherigen Zustimmung des Verlags. Das gilt insbesondere für Vervielfältigungen, Bearbeitungen, Übersetzungen, Mikroverfilmungen und die Einspeicherung und Verarbeitung in elektronischen Systemen.
Die Wiedergabe von allgemein beschreibenden Bezeichnungen, Marken, Unternehmensnamen etc. in diesem Werk bedeutet nicht, dass diese frei durch jedermann benutzt werden dürfen. Die Berechtigung zur Benutzung unterliegt, auch ohne gesonderten Hinweis hierzu, den Regeln des Markenrechts. Die Rechte des jeweiligen Zeicheninhabers sind zu beachten.
Der Verlag, die Autoren und die Herausgeber gehen davon aus, dass die Angaben und Informationen in diesem Werk zum Zeitpunkt der Veröffentlichung vollständig und korrekt sind. Weder der Verlag, noch die Autoren oder die Herausgeber übernehmen, ausdrücklich oder implizit, Gewähr für den Inhalt des Werkes, etwaige Fehler oder Äußerungen. Der Verlag bleibt im Hinblick auf geografische Zuordnungen und Gebietsbezeichnungen in veröffentlichten Karten und Institutionsadressen neutral.

Planung/Lektorat: Isabella Hanser
Springer Gabler ist ein Imprint der eingetragenen Gesellschaft Springer Fachmedien Wiesbaden GmbH und ist ein Teil von Springer Nature.
Die Anschrift der Gesellschaft ist: Abraham-Lincoln-Str. 46, 65189 Wiesbaden, Germany

Vorwort

Warum es auf Kommunikation ankommt
Unternehmenskommunikation ist ein entscheidender Erfolgsfaktor des Managements: Gut gemacht, hilft sie dabei, ein attraktives Arbeitsumfeld zu schaffen, in dem Mitarbeiter[1] und Führungskräfte mit einem hohen Engagement am Unternehmenserfolg arbeiten. Sie sorgt für eine gute Reputation, die einen Krisenfall abschwächen kann, weil zuvor Vertrauenskapital aufgebaut wurde. Unternehmenskommunikation sorgt für eine faire Bewertung am Kapitalmarkt. Sie hilft dabei, Handlungsspielräume aufrecht zu erhalten und die eigenen Produkte dank einer starken Marke erfolgreich zu verkaufen.

Seit 25 Jahren bin ich Unternehmensberaterin auf dem Gebiet der Unternehmenskommunikation. In dieser Zeit habe ich die Entwicklung und Professionalisierung der Disziplin beobachtet und sie durch Lehraufträge an Hochschulen, Publikationen und nicht zuletzt durch die Zusammenarbeit mit zahlreichen Praktikanten, Trainees und Kollegen „on the job" mitgestalten dürfen.

Seit 2008 bin ich Managing Partner eines Netzwerks von erfahrenen Professionals. Wir haben uns entschieden, auf Managementrollen zu verzichten und stattdessen das zu tun, was uns am meisten Freude bereitet, nämlich Klienten persönlich zu beraten. Wir helfen ihnen dabei, die richtigen Ziele zu definieren, Strategien zu entwickeln und die im Umsetzungsprozess auftretenden Probleme zu lösen.

Ich habe einen tiefen Einblick in die Arbeitsweisen und Problemfelder von Kommunikationsverantwortlichen bekommen und kann bestätigen: Die Profession hat sich enorm weiterentwickelt. Vereinfacht gesagt musste ein Kommunikationschef

---

[1] In diesem Buch wird die grammatikalisch männliche Form verwandt, gemeint sind selbstverständlich alle Geschlechter.

früher in der Lage sein, die „Druckpressen von Springer" anzuhalten, während er heute strategische Dialoge mit allen Stakeholdern über diverse Kommunikationskanäle hinweg führt.

Die eigenen Mitarbeiter sind dabei als wichtige Stakeholder und Multiplikatoren ebenso in den Fokus gerückt wie Aktivisten, die das Geschäftsmodell heftig kritisieren oder gar zu Boykotten aufrufen. Statt sich abzuschotten und in Freund-/Feind-Kategorien zu denken, werden heute selbstkritische Fragen etwa zu Nachhaltigkeit und Geopolitik gestellt. Letztlich geht es nicht mehr allein um gute Geschäftszahlen, sondern immer öfter auch darum, als Unternehmen gesellschaftliche Verantwortung zu übernehmen. Diese Entwicklungen nimmt die Unternehmenskommunikation wie ein Seismograf auf, spiegelt sie den Entscheidern im Unternehmen und kann ihnen dabei helfen, öffentlich akzeptierte Entscheidungen zu treffen.

Auch intern wächst die Bedeutung einer gut gemanagten Kommunikationsabteilung, kann sie doch – wenn sie ihre Aufgabe gut macht – die Transformation des Unternehmens beschleunigen, indem sie nicht nur die Vision oder das Zielbild kommuniziert, sondern auch durch die Veränderung der eigenen Arbeitsweise als Vorbild vorangeht.

Die permanente eigene Veränderung ist aus meiner Sicht der Kern guter Kommunikationsarbeit. Kommunikation wird schneller, globaler und digitaler. Mit dieser Entwicklung Schritt zu halten, ist die zentrale Herausforderung für die Unternehmenskommunikation heute. Dazu gehören selbstverständlich neue Tools und Skills, viel mehr aber noch das richtige Mindset: die Freude daran, Neues auszuprobieren, Dinge jeden Tag ein bisschen besser machen zu wollen und der Mut, dafür im eigenen Unternehmen zu werben, zu überzeugen und eventuell bestehende Widerstände zu überwinden.

Diese Aufgabe ist kein Nine-to-Five-Job, denn harte Deadlines und Vielfalt der Themen und Aufgaben halten die Kommunikationsexperten auf Trab. Eine integrierte Arbeitsweise hilft den Teams, Spitzen abzufedern und die Arbeitslast möglichst gleich zu verteilen. Dennoch ist klar, dieser Job erfordert ein hohes persönliches Commitment und ist nicht jeden Tag „vergnügungssteuerpflichtig". Was anderen vielleicht attraktiv erscheint, wie Messen, Konferenzen und Reisen quer durch die Welt, das setzt oft wochenlange Vorbereitung voraus und erscheint nur deshalb so „leicht", weil alles minutiös geplant ist und exakt nach Drehbuch durchgeführt wird. PR ist also keinesfalls die Abteilung für „Party und Reisen". Wir haben es hier mit Profis zu tun, die genau wissen, was sie tun.

Dieses Buch ist als Gemeinschaftsproduktion mit den Kommunikationsprofis und geschätzten Kollegen Andrea Herzig, Katharina Johannsen und Thomas Reinhold entstanden. Wir haben intensiv diskutiert und unsere Sichtweisen als Unternehmensberater, Journalist und Pressesprecher miteinander abgeglichen. Für Gastbeiträge haben wir außerdem Klienten, Kooperationspartner und weitere Experten gewinnen können, die wiederum ihre Perspektive einbringen und die Themen dadurch bereichern. So wollen wir Ihnen kurz, kompakt und gut lesbar die wichtigsten Informationen mitgeben, damit Sie den Erfolgsfaktor Unternehmenskommunikation besser für sich nutzen können.

Profitieren Sie von einem besseren Kommunikationsverständnis
Um die Unternehmenskommunikation besser für sich zu nutzen, brauchen Sie ein Umfeld, in dem ein Verständnis für die Bedeutung von Kommunikation vorhanden ist: In Ihrem Unternehmen, insbesondere beim Vorstand oder der Geschäftsleitung, sowie bei anderen Entscheidern, die an zentralen Themen arbeiten. Viele Organisationen haben sich hier sehr gut entwickelt: Der Nutzen von Unternehmenskommunikation ist bekannt und das Top Management kommuniziert genauso wie Führungskräfte und Mitarbeiter routiniert und von der Unternehmenskommunikation geschult nach innen und über die Sozialen Medien nach außen und verstärkt so die zentralen Botschaften des Unternehmens.

Es gibt aber Organisationen, in denen es leider (noch) ganz anders aussieht: Man erkennt die Bedeutung der Unternehmenskommunikation und die Expertise der dafür Verantwortlichen nicht (ausreichend) an. Also hält man die Kommunikation lieber auf Abstand, schätzt Themen und Entwicklungen selbst ein und ist dann verwundert, wenn Mitarbeiter kündigen, Journalisten kritisch berichten und Shitstorms in den Sozialen Medien heraufziehen. Es reicht eben nicht, lesen und schreiben zu können, um ein guter Kommunikator zu sein!

Mit dem vorliegenden Buch möchten wir Ihnen einen Einblick in die Unternehmenskommunikation als einen Erfolgsfaktor der modernen Unternehmensführung geben. Kommunikationsprofis werden hier sicher Einiges finden, was sich mit ihren Erfahrungen deckt – sei es im positiven oder negativen Sinn. Wir möchten die wesentlichen Teildisziplinen der Unternehmenskommunikation anschaulich und verständlich darstellen, so dass sich alle informieren können, die mit Unternehmenskommunikation zu tun haben oder die Hilfe von Kommunikationsprofis – ob im eigenen Unternehmen oder von externen Beratern – in Anspruch nehmen möchten.

Unser Buch ist ein Angebot an alle Entscheider, die Unternehmenskommunikation besser zu verstehen, um so zu besseren Ergebnissen zu kommen. Beziehen Sie die kommunikative Perspektive in Ihre Entscheidungen ein!

Dr. Eva Salzer

Inhaltsverzeichnis

1 Media Relations 1
    1.1 Traditionelle Medienarbeit ist reaktiv: Hier spricht der Chef 2
    1.2 Klassische Gatekeeper: Wahr ist, was gedruckt ist 5
    1.3 Hintergrundgespräche: Off the record 6
    1.4 Digitale Kanäle: Posten nach Plan 9
    1.5 Neue Rollen: Hören Sie auf die Experten 10
    1.6 Wahl der Formate: Ein Tweet geht um die Welt 13
    1.7 Social Media: Senden, zuhören, reagieren 14

2 Interne Kommunikation 17
    2.1 Zielgruppengerechte Kommunikation: Schwarze Bretter abschrauben 18
    2.2 Orientierung und Sicherheit: Mitarbeiter wollen mitreden 19
    2.3 Unternehmenskultur: Ein richtiges Wir-Gefühl 23
    2.4 Mitarbeitergerechte Sprache: Wir sprechen alle an 28
    2.5 Digital und multimedial: Mitarbeiter auf allen Kanälen erreichen ... 31
    2.6 Virtuelle Kommunikation: Das neue Normal 33
    2.7 Social Intranet: Mut zum Makel 34

3 Public Affairs 37
    3.1 Rahmenbedingungen gestalten: Im Idealfall Chefsache 39
    3.2 Zielgruppen: Die politische Arena im Blick 40
    3.3 Lobbying: Gratwanderung entlang der Richtlinien 44
    3.4 Lobbyregister: Transparenz schafft Glaubwürdigkeit 49
    3.5 Studien und andere Instrumente: Grundlagen für Debatten 50
    3.6 Dialog anbieten: Umarme Deine Gegner 51

4	**Investor Relations**		53
	4.1	Publizitätspflicht: Der Gesetzgeber greift durch	54
	4.2	Anspruch der Märkte: Transparenz und Schnelligkeit	55
	4.3	Beitrag zur fairen Unternehmensbewertung: Kommunikation rechnet sich	56
	4.4	Kommunikation nah am Kunden: Roadshow & Co	56
	4.5	Zielgruppenbedürfnisse: Kennzahlen oder Emojis	60
	4.6	Der Instrumentenkasten: Pflicht und Kür	63
	4.7	Nachhaltigkeit im Fokus	68
5	**Marktkommunikation**		73
	5.1	Kundenbeziehung aufbauen: Hallo, hier bin ich	73
	5.2	Starke Marke: Aufbau und Pflege	75
	5.3	Zielgruppen: Immer an die Kunden denken	80
	5.4	Alle Instrumente nutzen: Wie man Kunden erreicht	82
	5.5	Werbung und Wirkung: Erfolge messen	87
6	**Fazit**		91

Über die Autoren

Dr. Eva Salzer berät seit 25 Jahren Führungskräfte und das Top Management in Fragen der Unternehmenskommunikation. Dabei verknüpft sie das Know-how aus der Strategieberatung mit hoher Methodenkompetenz in der Strategievermittlung. Das Beratungshandwerk lernte die Diplom-Kommunikationswirtin (UdK Berlin) bei Roland Berger. Dr. Eva Salzer promovierte in Wirtschaftswissenschaften an der Universität Witten-Herdecke und absolvierte Executive Education Programme an der Harvard Business School und am Massachusetts Institute of Technology (MIT). 2008 gründete sie mit EVA SALZER Strategy & Communications ein Beratungsnetzwerk, das Entscheider punktgenau dabei unterstützt, den Erfolgsfaktor Unternehmenskommunikation für sich zu nutzen.

Katharina Johannsen berät seit über 15 Jahren Entscheider bei Fragen zu Unternehmenssteuerung und Corporate Governance. Im Anschluss an ihre Ausbildung zur Diplom-Kauffrau an der European Business School (ebs) mit Auslandssemestern in den USA und Frankreich baute sie ihr Beratungswissen bei PricewaterhouseCoopers (pwc) auf. Katharina Johannsen absolvierte Management Education Programme zu Strategy, Leadership und Change Management am Massachusetts Institue of Technology (MIT) und der Harvard Business School.

Thomas Reinhold ist seit 25 Jahren Kommunikator und Journalist in der Unternehmenskommunikation, Unternehmensberatung und im Qualitätsjournalismus, mit Stationen unter anderem bei der thyssenkrupp AG, bei Roland Berger und der F.A.Z. Dort war er einer der Gründungsredakteure von FAZ.NET. Vor seiner Ausbildung zum Zeitungsredakteur hat Thomas Reinhold Politikwissenschaft und Englische Linguistik in Hannover, York (England) und Tübingen studiert.

Media Relations 1

Media Relations als Teildisziplin des externen Kommunikationsmanagements befasst sich mit den Beziehungen des Unternehmens zu externen Stakeholdern, insbesondere den Medien oder auch Anspruchsgruppen mit speziellen Interessen am Unternehmen. Die Bandbreite dieser Stakeholder ist groß.

Die Zielgruppe von Media Relations – oft auch Public Relations oder Öffentlichkeitsarbeit genannt – ist die allgemeine Öffentlichkeit, die sich aus vielen heterogenen Gruppen zusammensetzt, und insbesondere die Multiplikatoren, über die man diese erreicht. Dazu zählen auch gesellschaftliche Gruppen, die sich gegen die Interessen des Unternehmens in Stellung bringen. Media Relations von Unternehmen oder anderen, auch öffentlichen Institutionen, Gebietskörperschaften, Verbänden, NGOs, Parteien, Parlamenten, großen Vereinen und vielen weiteren Organisationen arbeitet immer in einem gesamtgesellschaftlichen Kontext.

Media Relations informiert Medien und Öffentlichkeit über das Unternehmen. Ihre Aufgabe ist es, die Organisation bekannt(er) zu machen, Transparenz über relevante Themen und Akteure herzustellen und sich darum zu bemühen, in der öffentlichen Wahrnehmung Glaubwürdigkeit und Vertrauen in das Unternehmen aufzubauen. Ziel ist es immer, Handlungsspielraum für die eigenen Unternehmensziele zu schaffen und zu erhalten, um die Interessen des Unternehmens durchzusetzen.

© Der/die Autor(en), exklusiv lizenziert an Springer Fachmedien
Wiesbaden GmbH, ein Teil von Springer Nature 2023
E. Salzer et al., *Erfolgsfaktor Unternehmenskommunikation*,
https://doi.org/10.1007/978-3-658-38574-3_1

1.1 Traditionelle Medienarbeit ist reaktiv: Hier spricht der Chef

Im traditionellen Rollenverständnis informiert die Unternehmensleitung selbst zu wichtigen Themen. Der Pressesprecher arbeitet zu, hat keine Entscheidungskompetenz, vertritt das Unternehmen nicht sichtbar nach außen und wird bei wichtigen Entscheidungen nicht zu Rate gezogen. Auf diese Weise kann Kommunikation nur so gut sein, wie „der Chef" es zulässt. Kommunikation ist eher etwas Zufälliges, es gibt wenig Verständnis dafür, was man mit Reden oder Schweigen bewirkt, geschweige denn eine Vorstellung, was mit professioneller Kommunikation erreicht werden kann. In einem solchen Szenario ist die Medienarbeit im besten Fall reaktiv.

In solchen Unternehmen ist die Kommunikationsfunktion unterentwickelt oder organisatorisch gar nicht verankert. Häufig kümmert sich zum Beispiel die Assistenz der Firmenleitung um das Thema. Oder es gibt jemand, der sich Pressesprecher nennt, aber noch weitere Aufgaben hat und die Medienarbeit nebenher erledigt.

Die Unternehmensleitung ist häufig wenig bis gar nicht kommunikationsaffin. Es wird nur dann etwas gesagt, wenn es nicht (mehr) anders geht. Wegducken statt kommunizieren ist die Strategie, viele Entscheider empfinden die Öffentlichkeit als etwas zu Vermeidendes, als Zumutung, die von außen auf sie zukommt, nicht selten als gefühlte Bedrohung.

Die Entscheider wähnen sich in vermeintlicher Sicherheit, wenn sie Medienanfragen schlicht ignorieren. Viele haben Angst, etwas Falsches zu sagen, es gibt keine Kommunikationsstrategie, stattdessen wird gar nichts gesagt und die Chance verpasst, selbst ein Thema oder auch nur den Ton zu einem Thema zu setzen.

Wie weit diese Strategie auch noch in der jüngeren Vergangenheit gefahren wurde, zeigte sich etwa in der Finanzkrise 2008. Lange Zeit äußerte sich kein Vorstand der großen Banken zur Krise und zum eigenen Unternehmen. Vor die Medien traten stattdessen die von den Banken an die öffentliche Front entsandten Vertreter der Banken-Verbände. Die Vorstände schwiegen und verzichteten auf die Chance, Vertrauen in ihre Unternehmen zurückzugewinnen. Die Folge: Die Glaubwürdigkeit der Banken ist nachhaltig zerstört. Langfristig stellt sich ein solches Kommunikationsverhalten immer als falsch heraus.

Krisen kommunikativ entschärfen

Dr. Heiko Reisch, Geschäftsführer, Lion and Fishes GmbH

Von Krisen kann man viel über die Kraft der Kommunikation lernen. Wer eine Krise kommunikativ zu beherrschen vermag, beherrscht auch unaufgeregte Situationen souveräner. Eine Krise ist die Störung des Normalfalls. Intuitiv ist die erste Reaktion zu hoffen, dass sie schnell vorüber geht und nicht viel Aufhebens darum gemacht wird. Der Wunsch ist psychologisch verständlich, unter Kommunikationsgesichtspunkten aber genau der falsche Weg. Denn Wegducken ist eine Botschaft: Ich bin nicht verantwortlich. Unternehmen und Institutionen lassen mitunter zu viel Zeit verstreichen, bevor sie etwas sagen. Ab einem gewissen Zeitpunkt wird es dann hektisch, Verantwortliche sind in reaktiven Schleifen gefangen. Das liegt daran, dass die Prozesse nicht hintereinander ablaufen, wie im Projektmanagement erprobt, sondern plötzlich parallel. Die vermeintlich logische Reihenfolge: Zuerst kommt das Krisenmanagement, um das Problem zu erfassen und möglichst schnell zu lösen – und erst danach wird kommuniziert und erfolgreich eine Lösung präsentiert, funktioniert hier nicht. Es ist ein Hase-und-Igel-Wettlauf, denn fehlende oder schlechte Kommunikation dreht das Krisenrad umstandslos weiter. Die Krise wird schlagartig größer. Und sie wird persönlich, das kann Karrieren beenden.

Krisen sind eine wichtige Quelle für jegliche Form von Nachrichten. Sie durchbrechen die Regel des Üblichen. Außergewöhnliches ist interessant. Deshalb gelten „bad news" medial als „good news", und das ganz unabhängig von Medium und Kommunikationskanal. Sensationelle Negativmeldungen treiben Auflagen, Klicks und Quoten. Spektakuläre Meldungen entwickeln eine Übertreibungsdynamik, der man frühzeitig etwas entgegensetzen muss. Die klaren Ziele lauten Deeskalation und Seriosität. Natürlich führen die Medien dennoch ihr Eigenleben. Es ist jedoch von zentraler Bedeutung, wie sich betroffene Unternehmen und Institutionen kommunikativ verhalten. Sie stehen als Angeklagte im Lichtkegel der Aufmerksamkeit und können Vertrauen verspielen oder zurückgewinnen. Ob sie wollen oder nicht, senden sie Botschaften, selbst wenn sie sich einer Kommunikation verweigern.

Unter Druck stellen sich Missverständnisse und Fehlentscheidungen ein. Das beste Gegenmittel ist eine professionelle Vorbereitung mit bestimmten Regeln und Automatismen. Krisenkommunikation ist ein zentraler Bestandteil des Krisenmanagements. Ist dieses Verständnis erst einmal entwickelt, hat sie weniger Erschreckendes an sich. Krise ist Chance heißt es unter Kommunikationsexperten. Man hat Aufmerksamkeit und kann sich professionell profilieren. Das beginnt mit klaren Strukturen und vorbereiteten Strategien. Strukturen heißt eindeutige Zuständigkeiten und entsprechende Informationsabläufe, Strategien heißt Szenarien für ganz unterschiedliche Fälle und entsprechende Kommunikationsmaßnahmen. Beides zusammen mündet in Sprechfähigkeit. Zunächst scheint es ein Dilemma zu sein: Wie soll man sprechen, wenn man selbst noch nicht genau weiß, was wie warum passiert ist? Und wie kann man vermeiden, vorschnell eine Schuld zuzuweisen, ohne zu wissen, wer wann wo einen Fehler begangen hat? Das lässt sich allerdings gut entschärfen. Man kann nicht umfänglich perfekt antworten, weil es zu Beginn noch gar kein präzises Wissen über alles gibt. Aber es gibt dennoch Fakten, zu jedem Zeitpunkt. Und über Fakten kann man sprechen, ebenfalls zu jedem Zeitpunkt. Man muss nur bei den Fakten bleiben, die bis dato bekannt sind, und das Spekulieren vermeiden. Deshalb vollzieht sich Krisenkommunikation wie alle Kommunikationsprozesse in logisch trennbaren Phasen.

Wie gelangt man zu Fakten? In Krisen ist es erforderlich, bei allen Verantwortlichen den gleichen Wissens- und Informationsstand sicherzustellen. Insofern gilt auch für Krisenfälle die gängige Regel interne Information vor externer. Dabei spielt Zeit eine gewichtige Rolle. Was intern vage bekannt ist, bekommt über Flurfunk schnell Füße. Deshalb sollten Medien und Bevölkerung möglichst zeitgleich, zumindest aber sehr zeitnah informiert werden. Dafür gibt es vier Kriterien: umfassend, aktuell, widerspruchsfrei und wahrheitsgemäß. Umfassend widerspricht in aller Regel dem Nadelöhr echter Kenntnisstand zum gegebenen Zeitpunkt. Auch hier hilft es, bei den Fakten zu bleiben: umfassend entsprechend den aktuell bekannten unumstößlichen Tatsachen. Die aktuell bekannten Tatsachen bestimmen zudem, was mit wahrheitsgemäß gemeint ist. Man muss nicht alles sagen, was man weiß. Aber was man sagt, muss stimmen. Ansonsten verstrickt man sich in Widersprüche oder muss sich korrigieren. Nicht so schlimm, könnte man meinen. Doch damit geht ein Vertrauensverlust einher, was zu einem Imageschaden führen kann, der länger andauert, als die eigentliche Krise. So groß ist die Kraft der Kommunikation. ◄

1.2 Klassische Gatekeeper: Wahr ist, was gedruckt ist

In der traditionellen Medienarbeit steht auf der einen Seite das Unternehmen, das Inhalte in die Öffentlichkeit bringen will, auf der anderen Seite gibt es die Medien und andere Multiplikatoren, die es zu bedienen gilt. Die Pressestelle kann sich auf eine von ihr definierte und deshalb bekannte Zielgruppe einstellen. Und zwar mit einem Instrumentarium, das die Presse-Verantwortlichen steuern. Das unidirektionale Sender-Empfänger-Modell zwischen Media Relations und Öffentlichkeit ist klar umrissen und unstrittig. Im Zentrum der Medienarbeit steht die Pressemitteilung als direkte Botschaft an die Zielgruppe. Inhalte werden vorab entworfen und intern oftmals mehrfach abgestimmt. Das letzte Wort hat meistens die Unternehmensleitung, genauso wie die Hoheit über den Zeitpunkt der Veröffentlichung. Bevor nicht das Go von den Entscheidern kommt, geht (im besten Fall) keine Information nach außen. Die Unternehmenskommunikation ist in der Rolle einer „Kommunikationspolizei", die darüber wacht, dass sich die Mitarbeiter nicht öffentlich zu Themen des Unternehmens äußern.

Das Standardinstrument zur Bekanntgabe einer wichtigen Neuigkeit ist eine Pressekonferenz am Sitz des Unternehmens oder der Organisation, auf der das Unternehmen sich und seine Botschaft optimal vorbereitet vorstellt. Eine wesentliche Innovation, ein neuer Vorstand, ein Standort, der geschlossen wird: die eingeladenen Medienvertreter reisen an. Wird nicht zuvor etwas aus der Firma nach außen durchgestochen, ist bei den Medien vorab ausschließlich das Thema der Neuigkeit bekannt, keine Details. Die Vertreter der Firmenleitung äußern sich erst in der Pressekonferenz.

Für Nachfragen nach fachlichen Details haben die Presseverantwortlichen Experten zur Verfügung. Im Anschluss an die Pressekonferenz informiert eine umfassende Pressemitteilung eine breitere Öffentlichkeit, der Pressesprecher bedient Rückfragen, beobachtet das Medienecho und reagiert – wenn nötig – auf die Verarbeitung der Botschaft in den Medien.

Das Nadelöhr der Weitergabe, die Gatekeeper, sind die traditionellen Medien und ihre Verbreitungskanäle: Print, Radio, Fernsehen, Fachpresse. Sie sichten, gewichten und interpretieren die Botschaft, die sie erhalten und verbreiten sie auf ihren Kanälen. Für die Nachbearbeitung stellt die PR-Abteilung ein möglichst umfassendes Presseclipping zusammen. Die Quantität der Zeitungsausschnitte bestimmt, ob Medienarbeit als erfolgreich beschrieben wird. Ob es aber zu vielen Berichten kommt, weil Kritik laut wurde oder das Unternehmen öffentlich Lob erfährt, bleibt unberücksichtigt.

Die Medienverantwortlichen eines Unternehmens kennen ihre Ansprechpartner. Gut gepflegte, persönliche Beziehungen zu den für die Organisation relevanten Medien sind wichtig, um Botschaften nach Möglichkeit zusätzlich im Gespräch nachjustieren zu können. Ein persönliches Vertrauen zu einem Medium, beziehungsweise seinem Vertreter ist unabdingbar.

1.3 Hintergrundgespräche: Off the record

Viele Pressesprecher bieten ausgewählten Journalisten zusätzlich exklusive Hintergrundinformation an, zum einen für ein tieferes Verständnis der Materie, zum anderen, um bestimmte Medien besonders in kritischen Situationen ausführlich für die eigene Position sensibilisieren zu können.

In einem Hintergrundgespräch kann der neue Vorstand seine Strategie erklären und Marktrisiken aufzeigen, oder der Finanzvorstand erläutert, warum es vorausschauend und unabwendbar ist, Mitarbeiter zu entlassen, um die Kostenbasis zu verringern, obwohl das Konzernergebnis stabil aussieht. Ein Spartenvorstand erläutert, warum er im globalen Wettbewerb auf öffentliche Unterstützung setzt, um Innovationen zu finanzieren. Oder ein Bürgermeister erklärt, warum er auf Verkehrs- und Schulinfrastruktur setzt, obwohl die Bürger nach einem neuen Krankenhaus rufen.

Solche Hintergrundzirkel sind ein besonderes Instrument der Media Relations. Es kann legitim sein, ausgewählten Medien von Fall zu Fall einen Informationsvorsprung zu verschaffen, nämlich solchen, die eine besonders tiefe Behandlung eines Themas ermöglichen, und ihrerseits als glaubwürdige Kronzeugen oder Multiplikatoren für andere Medien dienen oder bestimmte gesellschaftliche oder regionale Zielgruppen besonders gut abdecken.

Diese Praxis ist nicht beliebig einsetzbar, denn sie kann anderen Medien kritisch auffallen. Immer gilt: Journalisten haben die alleinige Hoheit über die Auswahl und die Art der Präsentation der Nachricht, eine Veröffentlichungsgarantie gibt es nicht.

Das ist ein Grund, warum viele Unternehmen dazu übergegangen sind, vor allem auf „owned media", ihren eigenen Kanälen, ihre Botschaften zu setzen. „Earned media" hingegen sind Veröffentlichungen in unabhängigen Medien. Den journalistischen Beitrag muss sich ein Unternehmen „verdienen", etwa durch eine relevante Botschaft. Die Glaubwürdigkeit dieser Botschaft gilt deshalb als hoch, weil sie den Gatekeeper, den Journalisten, professionell überzeugt hat.

Demgegenüber sind die eigenen Kanäle jederzeit und in jeder Form zu bedienen. Sie lassen sich leicht an bestimmte Zielgruppen ausspielen, sie sind für die Unternehmen steuerbar. Ihre Reichweite ist zum Teil sehr groß, weil Zielgruppen durch professionelles (technisches) Targeting gezielt angesprochen werden. Ein DAX-Konzern berichtet, dass seine Inhalte in den „owned media" die dreifache Reichweite gegenüber denen in den „earned media" erzielen. Für die Analyse und Ausrichtung von Media Relations ist das ein wichtiger Faktor.

Medienarbeit ist langfristig immer dann erfolgreich, wenn sie kontinuierlich betrieben wird, wenn sie Transparenz herstellt und wenn sie glaubwürdig ist, weil sie sich an Fakten hält. Persönliche Kontakte, die auf gegenseitigem Vertrauen beruhen, bleiben wichtig für eine erfolgreiche Kommunikationsarbeit. Media Relations braucht die Beziehung und die Verbindung („relation") zu den Medien und damit natürlich auch zu den Menschen, die Medien machen. Ein Pressesprecher eines Unternehmens sollte hierin einen relevanten Teil seiner Aufgabe sehen und über ein belastbares Netzwerk verfügen.

Quo vadis Pressesprecher?

Manuela Höhne, Director Corporate Communications and Public Relations, MAHLE

Das klassische Berufsbild des Pressesprechers befindet sich in einem starken Wandel. Ich glaube sogar, es wird bald verschwinden. Getrieben durch die sich verändernde Medienlandschaft, die Digitalisierung, die Sozialen Medien und die gewachsene Menge an Informationen, die es kontinuierlich zu bewerten, verarbeiten und zu vermitteln gilt, verändert sich das Tätigkeits- und Aufgabenumfeld rapide und unumkehrbar.

Pressesprecher werden damit immer mehr zu Kommunikationsmanagern. Natürlich „sprechen" sie weiterhin für ihr Unternehmen, aber eben nicht mehr nur mit Journalisten. Sie werden zunehmend auch Botschafter des Unternehmens für ein breites Publikum, Berater, (Botschaften-) Übersetzer, Vermarkter und Dienstleister. Und das nicht mehr nur in der Kommunikation nach außen, sondern auch verstärkt nach innen.

Denn nicht nur die Zahl der Kommunikationskanäle wächst. Auch die Belegschaft kommuniziert zunehmend nicht mehr nur über interne Kanäle, sondern – Social Media sei Dank – verstärkt (oder gar ausschließlich) auf externen Kanälen über das eigene Unternehmen. Die Grenzen zwischen externer und interner Kommunikation verschwimmen zusehends. Dazu kommt das veränderte Medienkonsumverhalten der Menschen, längere Texte werden kaum noch gelesen, Videos dagegen sind auf dem Vormarsch – allerdings auch hier ist dank einer allgemein wahrnehmbaren geschrumpften Aufmerksamkeitsspanne von allzu langen Stücken abzuraten.

Was sollten also die „neuen" Pressesprecher mitbringen? Schreibkompetenz und ein belastbares gewachsenes Netzwerk zu Medienvertretern gehören zum A und O, reichen aber nicht mehr aus. Nicht weniger entscheidend ist die Fähigkeit, im Unternehmen Themen zu finden, gute Geschichten zu entwickeln und diese entsprechend der Kommunikationsstrategie zu qualifizieren. Jedoch nicht mehr nur exklusiv für den externen Medienkanal. 360-Grad-Denken, das Denken in allen Kanälen, ist angesagt! Kommunikationsmanager sind so in der Lage, ein Thema für die gesamte Kanallandschaft eines Unternehmens zielgruppengerecht aufzubereiten, also die klassische Pressemitteilung schreiben oder Interviews begleiten, aber auch die Mitarbeiterinformation für das Intranet formulieren, den internen Management Blog verfassen, Copies für die Social-Media-Posts oder die Mitarbeiter-App vorbereiten, Scripts für Videodrehs schreiben, Fotografen steuern etc. In einer idealen Welt arbeiten die Kommunikationsmanager zudem eng mit dem Marketing zusammen. Schließlich bieten die Marketingkanäle weitere Plattformen für die Verbreitung der Unternehmensbotschaften.

Diesen vollintegrierten Ansatz verfolgen wir in der Unternehmenskommunikation des MAHLE Konzerns, wo wir die organisatorische Trennung zwischen externer und interner Kommunikation aufgehoben haben, Erstausrüstergeschäft (OE)- und Aftermarketkommunikation jetzt voll abgestimmt agieren und die Kollegen des Marketings und der Live Kommunikation ebenfalls unter diesem einen Abteilungsdach zusammenarbeiten. Alle Themen des Unternehmens werden in einer gemeinsamen Strategie- und Themenplanung bewertet, alle Kommunikations-Assets – sei es Text, Interview, Statement, Copy, Foto, Video oder Animation – werden im zentralen Content Hub erstellt und von dort in die jeweils relevanten Kanäle ausgespielt. Die KollegInnen arbeiten nicht mehr in starren Strukturen, sondern jeweils themenbezogen in wechselnden Projektteams. Wir werden damit in einer sich immer schneller drehenden Informationswelt effizienter und schneller, weil wir kanaltypisches Silodenken abschaffen und unabgestimmtes Parallelarbeiten vermeiden. Das hilft uns sowohl nach außen als auch in der Innenkommunikation.

Der „alte" Pressesprecher ist tot, es lebe der Kommunikationsmanager! Eine Entwicklung, die dieses Berufsbild sicherlich herausfordernder macht. Auf jeden Fall aber auch noch spannender und abwechslungsreicher. ◄

1.4 Digitale Kanäle: Posten nach Plan

Die PR-Arbeit hat sich im Laufe der letzten zwei Jahrzehnte in großen Teilen verändert. Im Kern steht immer noch eine Botschaft, die publiziert werden soll. Allerdings sind die an der Veröffentlichung Beteiligten zahlreicher geworden, die Gruppe der Empfänger ist heterogener, die Botschaft gelangt um ein Vielfaches schneller in die Öffentlichkeit und die Publishing-Prozesse haben sich radikal verändert.

Die Botschaft wird jeweils in Format, Stil, Länge und Tonalität dem Kommunikationskanal angepasst, dieselben Inhalte werden auf Twitter, LinkedIn, Instagram oder Facebook weitergegeben. Für jeden der Kanäle kommt es auf die passenden Formulierungen und Bilder und auf die optimale Tageszeit der Veröffentlichung an. Unabhängig von Größe und Branche bedienen viele Unternehmen längst alle gängigen Kanäle, in anderen Organisationen sollte eine kluge, der Zielgruppe und den eigenen professionellen Möglichkeiten angepasste Auswahl der Social-Media-Kanäle stattfinden.

Zu den traditionellen Medien wie Presse, Funk und Fernsehen kommen Youtuber, Blogger, Online-Portale, die manchmal auch investigativ arbeiten. Die Leitmedien, die Gatekeeper früherer Jahre, gibt es noch immer, aber ihre relative Bedeutung sinkt. Der richtige Hashtag kann wichtiger sein als die Botschaft an den „richtigen" Journalisten weitergegeben zu haben.

Auch die Arbeit der Journalisten hat sich geändert, längst bedienen sie mehrere Kanäle. So sendet ein Rundfunkjournalist beispielsweise einen Radiobeitrag und twittert gleichzeitig über die Entstehung seiner Geschichte oder das Ergebnis. Oder er verbreitet Fotos seiner Recherche oder Interviews auf Twitter oder LinkedIn.

Dazu kommt, dass die traditionellen Gatekeeper unter einem enormen Kostendruck stehen. Die Medienlandschaft wandelt sich, das Verhalten der Nutzer hat sich radikal geändert. Insbesondere die Printmedien und die öffentlich-rechtlichen Sender, die lange Zeit die Meinungshoheit in der Öffentlichkeit hatten, verlieren viele ihrer User und können den damit einhergehenden Bedeutungsverlust oft mit ihren Online-Angeboten nicht wettmachen.

Das bedeutet, dass insbesondere viele Printmedien oder auch Rundfunksender auf quasi journalistische Beiträge der „owned media" aus Kostengründen angewiesen sind. Sie werden dort, wo die Ressourcen für eigene Recherchen fehlen, nicht selten nachrichtlich oder als ganzer Text oder Filmsequenz übernommen und so zu einem festen Teil des redaktionellen Inhalts: eine Chance für die Unternehmen.

Die Aussendung einer Botschaft folgt einem orchestrierten Plan, zum Beispiel so: Sie wird vorab bei Twitter von der Unternehmenskommunikation angekündigt, dann gleichzeitig über mehrere Kanäle abgesetzt, das Thema ist Gegenstand von Blogs und wird unmittelbar nach seiner Veröffentlichung in den sozialen Kanälen diskutiert.

Oft setzen die Entscheider persönliche, kommentierende Tweets zu einer Botschaft ab oder sie setzen sich in Talkshows, um ihre Strategie zu erklären, respektive zu verteidigen. Die Wirkung eines CEO-Tweets oder Posts auf LinkedIn kann mächtig sein und ist nicht unumstritten: Der ehemalige Siemens-CEO Joe Kaeser äußerte sich immer wieder politisch, kritisierte auf Twitter die AfD oder lobte die Frauenquote. Das kann der Markenbildung dienen, wird aber mitunter kritisch gesehen. Das Bedenken: Kunden könnten sich daran stören, wenn die persönliche Meinung des CEOs mit der Haltung der Firma gleichgesetzt wird. Trotz der potenziellen Risiken: Debatten und Dialoge entstehen zwischen Menschen. Ein persönlicher Post wird gerne auch in klassischen Medien zitiert, der Post auf dem Unternehmensaccount nicht.

1.5 Neue Rollen: Hören Sie auf die Experten

Die Präsenz in den sozialen Medien verlangt von der Unternehmensleitung eine andere Rolle. Sie steht mit ihrer Person für eine Botschaft oder eine Nachricht. Diese wird auf vielen Kanälen hinterfragt und das auch oft persönlich und nicht nur nach den Regeln der journalistischen Fairness. Wer sich im ungeschützten Raum bewegt, muss mit unverhohlenen Angriffen rechnen, auch jenseits von politisch oder gesellschaftlich akzeptablen Gepflogenheiten der Kommunikation.

Ein guter Mediensprecher hat einen Plan, nach dem er seine Botschaft lanciert. Der Plan berücksichtigt das Selbstverständnis und die Rolle der Unternehmens-

1.5 Neue Rollen: Hören Sie auf die Experten

führung. Außerdem hat er im Blick, auf welchen Kanälen und auf welche Weise sich die Unternehmensführung äußert.

Damit einher geht ein im Gegensatz zu früheren Zeiten komplett anderes Rollenverständnis des Sprechers. Er ist Berater der Unternehmensleitung, er ist umfassend informiert, er sitzt in allen wichtigen Sitzungen des Vorstands oder der Geschäftsführung, wann immer es dort um aktuelle strategische Entscheidungen der Organisation geht. Er hat eine räumliche Nähe zu seinem CEO, die beiden arbeiten auf einer Wellenlänge, er gestaltet die Nachricht, entscheidet mit über die Botschaft. Zusammen mit der Unternehmensleitung sollte er Kommunikations-Leitlinien vereinbaren, nach denen er in eigener Verantwortung und Freiheit Kommunikationsstrategien entwickelt und verfolgt. Durch das gemeinsame Verständnis lassen sich im Idealfall langwierige Abstimmungsprozesse vermeiden.

Unsere Welt ist schneller und globaler geworden

Interview mit Thorsten Möllmann, Leiter Konzernkommunikation, Salzgitter AG

Wie beurteilen Sie die Entwicklung der Media Relations in Deutschland?

Die PR-Arbeit hat sich im Laufe der Jahre stark verändert: Die Redaktionen wurden aufgrund Kostendruck der Verlage verkleinert und gleichzeitig stieg die Nutzung der Sozialen Medien stark an, sodass die Journalisten in ihrer Rolle als Gatekeeper geschwächt wurden. Darauf haben die Unternehmen reagiert: Media Relations heute beinhaltet ganz klar auch digitale Kanäle, die nicht nur bespielt, sondern auch beobachtet werden müssen. Das macht den Scope deutlich komplexer und erfordert von uns eine 24/7-Reaktionsfähigkeit.

Heute screenen wir in Echtzeit die digitalen Kanäle global, auf diese Art erfahren wir, was die Zielgruppen gerade bewegt und können darauf reagieren. So erfahren wir in der Kommunikation mitunter schneller von einem Erdbeben in Mexiko als die Konzernsicherheit.

Wo liegen aus Ihrer Sicht die größten Herausforderungen in der Zukunft?

Die Basis unserer Arbeit ist und bleibt das Vertrauen in das Unternehmen und mehr noch in unsere Person als Sprecher – das gilt es aufzubauen und zu erhalten. Wir müssen also aktiv auf die Menschen zugehen. Es reicht nicht aus, am Telefon zu warten bis Anfragen kommen. Wir müssen in die Redaktionen gehen, mit den Journalisten sprechen und Hintergrundinformationen anbieten oder Brancheneinschätzungen abgeben. Letztlich wollen wir unsere Story verkaufen, das ist – wenn Sie so wollen – klassischer Vertrieb, also Klinkenputzen.

Wir rufen aber nicht nur an, um Stories zu pitchen, sondern natürlich auch mit der Absicht, Stories zu verhindern. Unser Erfolg liegt also auch in dem, was nicht zu lesen ist.

Welche Skills werden in Zukunft besonders gebraucht?

Mir fällt auf, dass sich mit den Berufsbezeichnungen auch die Kompetenzen geändert haben. Ein „Contentmanager" hört sich gut an, aber statt selbst zu schreiben, wird er die Inhalte planen und steuern wollen. Dabei ist und bleibt Schreiben unsere Kernkompetenz. Gute Kommunikatoren müssen in der Lage sein, stilsicher schreiben zu können. Ich brauche jetzt wieder dringend Menschen mit journalistischen Fähigkeiten, die Lust haben, spannende Stories im Unternehmen zu entdecken und darüber zu schreiben. Und zwar mit gutem Sprachgefühl in verschiedenen Formaten – wie etwa ein Report, eine Pressemitteilung, ein Feature oder ein Interview.

Dazu kommt Digitalkompetenz, die die „Digital Natives" ohnehin mitbringen, während sich Ältere da vielleicht erst reinarbeiten müssen. Wir arbeiten alle in einem „lifelong learning environment", das sollte jedem klar sein. Natürlich helfen Offenheit, Interesse und Freude am Lernen, um sich permanent weiterzuentwickeln.

Am besten sind aus meiner Sicht diverse Teams mit komplementären Kompetenzen aufgestellt, in denen Menschen mit unterschiedlichem Alter, Geschlecht, Background und Kenntnissen zusammenarbeiten und gemeinsam tolle Ergebnisse erreichen.

Wie würden Sie Ihre aktuellen Herausforderungen beschreiben?

Klar ist – und das gilt immer – man sollte authentisch und gradlinig sein und frühzeitig einen offenen Dialog mit den Medien führen, statt hinterher die Kohlen zu löschen. Eine für Medien relevante Kommunikation stellt heute nicht nur die Produkte in den Vordergrund, sondern ordnet das Unternehmen in geopolitische Verhältnisse ein und entwickelt eine Haltung gegenüber wichtigen Themen wie etwa Nachhaltigkeit. Ein Unternehmen sollte etwas bewirken wollen, was den nächsten Generationen hilft.

Ich habe für die Salzgitter AG eine Kommunikationsstrategie entwickelt und einige zentrale Themen definiert, die auf unsere Kommunikationsziele einzahlen. Zu diesen Themen werden wir Thought Leadership vermitteln. Um das möglichst effizient zu tun, haben wir ein Transformationsprojekt in die Wege geleitet mit dem Ziel, integrierter zu arbeiten und unsere Themen schneller über alle Kanäle zu pushen und damit einen maximalen Impact zu erzeugen.

Zentral bleibt die Frage, wen wir mit den Botschaften erreichen wollen. Entsprechend wählen wir die richtigen Kanäle dafür aus. Das kann in der westlichen Welt LinkedIn sein, aber in China erreicht man damit niemand, da muss man WeChat nutzen. Solche Dinge müssen uns bekannt sein und entsprechend berücksichtigt werden. ◄

1.6 Wahl der Formate: Ein Tweet geht um die Welt

Die Pressemitteilung ist vor allem in der politischen, wissenschaftlichen und Technologie-Kommunikation ein wichtiges Instrument. Die Art und Weise der Weitergabe ändert sich, für große Unternehmen verliert die Pressemitteilung an Bedeutung. Manche Unternehmen gehen dazu über, statt Pressemitteilungen zu verschicken Informationen über soziale Medien wie Twitter zu teilen. Inhalte, auf die referenziert wird, lassen sich so selbst nach der Veröffentlichung noch verändern und laufend aktualisieren. Mitarbeiter oder andere User können diese Inhalte für ihre eigenen Zwecke nutzen, die Botschaft findet ihren Weg schnell in alle möglichen Medien.

Presseclippings gibt es noch immer, aber nicht mehr papierhaft sondern mittlerweile digital und beobachtet werden auch die sozialen Medien. In den Newsrooms moderner Kommunikationsabteilungen werden Medien und Resonanz auf die Botschaften des Unternehmens mit Hilfe von Data Analytics in Echtzeit beobachtet. Die Bewertung von Reichweite und Tonalität ist dann Grundlage zur kurzfristigen oder auch zur strategischen Anpassung der Kommunikation. So wird Kommunikationsarbeit sichtbar und messbar gemacht.

Pressekonferenzen, in deren Nachgang klassischerweise Pressemitteilungen verschickt werden, sind vor allem in den großen Unternehmen seltener geworden. Auf regionaler Ebene und allemal in der Politik werden sie noch häufiger genutzt, aber ohne eine gleichzeitige Begleitung in den sozialen Medien sind sie kein sinnvolles Kommunikations-Instrument.

Eine größere Bedeutung bekommt die virtuelle Kommunikation, die durch die Corona-Pandemie einen großen Entwicklungsschub erfahren hat. Für den Austausch mit externen Stakeholdern haben Videokonferenzen viele Vorteile: leichter zu organisierende Dialogformate, größere Publikumsgruppen – auch über Ländergrenzen hinweg, weniger Reisen und deshalb mehr Zeit für andere Aufgaben. Auch Pressekonferenzen und Hintergrundgespräche lassen sich virtuell abhalten.

1.7 Social Media: Senden, zuhören, reagieren

In den sozialen Medien wird die Botschaft nicht nur einmalig gepostet, sie erreicht eine Community, die beobachtet werden muss. Es steckt im Wesen der sozialen Medien, dass sie auf Austausch angelegt sind: senden, zuhören, reagieren. Es entstehen Debatten und unter Umständen neue Fragen zum Thema an das Unternehmen, auf die dieses eingestellt und inhaltlich vorbereitet sein sollte. Für jede Organisation stellt sich die Frage, ob sie Themen selbst setzt oder vorhandene Themen aufnimmt und in eigener Sache vorantreibt. Eine schnelle Reaktionszeit in den digitalen Kanälen ist sehr wichtig, Debatten entwickeln sich in Echtzeit. Schon deshalb müssen Kommunikationslinien vorab belastbar vereinbart sein. Genauso wichtig ist eine adäquate Aufbereitung der Inhalte. In einem Tweet von 280 Zeichen muss man fokussieren.

Manche Unternehmen beziehen in ihre PR-Strategie auch die eigenen Mitarbeiter mit ein. Diese werden als Markenbotschafter genutzt und sind insbesondere auf den sozialen Kanälen ein wertvolles, weil glaubwürdiges Instrument, wenn sie sich für ihr Unternehmen und seine Botschaft und Themen einsetzen.

> **Telekom macht Mitarbeiter zu Botschaftern**
>
> Die Grenzen von der externen zur internen Unternehmenskommunikation lösen sich auf und weichen einem ganzheitlichen Kommunikationsverständnis. Philipp Schindera, Leiter Unternehmenskommunikation der Telekom, sprach schon 2016 auf dem Kommunikationskongress in Berlin von allen Mitarbeitern seines Unternehmens gemeinsam als „größte Kommunikationsabteilung der Welt". Dialog und Vertrauen im Zeitalter der Digitalisierung statt Kontrolle böten die Chance auf eine größere Reichweite. Aufgabe der Unternehmenskommunikation sei es, die Mitarbeiter zu eigener Kommunikation im Sinne des Unternehmens zu befähigen. Damit ist dann auch das Ende der „Kommunikationspolizei" eingeläutet, das Ende von „Command and Control" [1]. ◄

Es dreht sich alles um Beziehungen, enge Zusammenarbeit und Lokalisierung

Christian Pickel, Leiter kontinentaleuropäische PR, Vanguard

Vanguard ist der zweitgrößte Vermögensverwalter der Welt, beschäftigt rund 18.000 Mitarbeiter und verwaltet rund 7,5 Billionen US Dollar (per 31.07.2022) an Kundenvermögen. 1975 legte unser Gründer John C. Bogle den ersten Indexfonds für Privatanleger auf. Er verschaffte ihnen damit Zugang zu passiven, kosteneffizienten Geldanlagen. Auf dieser Basis gründete er Vanguard und formulierte unsere Mission, die bis heute unser Handeln bestimmt: Wir wollen allen Anlegern die besten Anlageerfolgschancen ermöglichen. Abgesehen davon ist Vanguard durch seine genossenschaftliche Firmenstruktur ein grundlegend anderes Unternehmen als andere in der Finanzindustrie.

Und auch auf der Medienseite ist Vanguard im Vergleich zu vielen Konkurrenten anders, nämlich nicht presselastig wenn es zum Beispiel um Pressemitteilungen geht. Wo stehen wir also in Bezug auf die Medienarbeit? Unser globales Media-Relations-Team ist in vielerlei Hinsicht ein wichtiger Bestandteil des Unternehmens. Wir sind diejenigen, die die Corporate Story erzählen und damit hoffentlich sowohl das Anlegerverständnis erhöhen als auch unseren eigenen share of voice im Markt. Das ist der Spaß. Wir sind auch diejenigen, die unsere Reputation managen. Sicher stellen sich im Job hier und da mal Herausforderungen ein, aber für diejenigen von uns, die den Job lieben, ist es doch gerade dieser stressgetriebene Spaß, der uns motiviert. Denn wer sucht nicht manchmal nach diesem Adrenalinstoß, wenn man darauf wartet, wie eine Schlagzeile ausfallen wird?

Als internationales Unternehmen, das über viele Kontinente und Länder hinweg tätig ist, die sich alle in ihren jeweiligen Medienszenen und -konstellationen unterscheiden, kommt es für mich auf drei einfache Dinge an:

1. Beziehungen

Für einen Unternehmenssprecher sind Beziehungen wahrscheinlich der wichtigste Teil seiner Kommunikations-Toolbox. Entscheidend ist ein funktionierendes Netzwerk, das sowohl intern als auch im Medienuniversum funktioniert. Sobald sich eine Notwendigkeit zur proaktiven Kommunikation einstellt, muss man sich auf interne Stakeholder verlassen, die mit Wissen und Proofpoints unterstützen, und man muss gleichzeitig auch entscheiden, wer der richtige Journalist in seinem Netzwerk ist, um an ihn herantreten zu können. Jeder Unternehmenssprecher sollte ein „kleines schwarzes Buch" mit allen wichtigen Telefonnummern und E-Mail-Adressen von Journalisten sein Eigen nennen können – ich kann daher nur empfehlen, mit dem Aufbau des Netzwerks zu beginnen, sobald man in die Branche einsteigt.

2. Enge Zusammenarbeit

Unser PR-Team arbeitet intern und über mehrere Kontinente hinweg eng zusammen, um „Best Practices" auszutauschen und das Netzwerk der anderen anzuzapfen. Vielleicht noch wichtiger ist die Zusammenarbeit mit Medienkontakten. Ich sehe es immer als ein Geben-und-Nehmen-Szenario, bei dem die enge Zusammenarbeit mit den wichtigsten Ansprechpartnern in den Medien zu Win-Win-Situationen für beide Seiten führt.

3. Lokalisierung

Häufig handeln Unternehmenssprecher nicht „kundenorientiert". Das ist ein Fehler! Wir investieren viel Zeit, um unsere Ansprachen für die lokalen Medien für jedes Land relevant zu machen. Gerade als Unternehmenssprecher muss man seine Kunden – die lokalen Medien – kennen und lokale Informationen liefern, die eben diese Ansprache relevant machen. Zu oft sieht man global ausgerichtete Pressemitteilungen mit internationalen Daten und allenfalls noch Fremdwährungsreferenzen. Das funktioniert gut mit der Financial Times, Bloomberg oder dem Wall Street Journal. Das einen Journalisten, der beispielsweise über den deutschen Markt berichtet, so etwas nicht zwingend interessiert, ist nachvollziehbar. Daher: Lokalisieren!

Der Werkzeugkasten eines Unternehmenssprechers hat viel zu bieten, aber für mich sind es die kleinen und oft offensichtlichen Dinge, die übersehen werden. Wenn ich mich resümierend frage, „was eine gute PR ausmacht", schwingen viele der Dinge, die ich in diesem Kapitel lese, sehr gut mit. Ich möchte natürlich ein Sparringspartner für die Geschäftsleitung sein, ich möchte die allererste Anlaufstelle für Medien sein, ich möchte derjenige sein, der die Unternehmensstory vorantreibt. Ergo: Beziehungen, enge Zusammenarbeit und lokales, medien- bzw. „kundenorientiertes" Denken sind der Schlüssel zum Erfolg. ◄

Literatur

1. Schindera, P. (2016). Die Kommunikationspolizei hat ausgedient. *KOM Magazin, 5*.

Interne Kommunikation

2

Die interne Kommunikation richtet sich an alle internen Stakeholder, also die Mitarbeiter und ihre jeweiligen Führungskräfte. Interne Kommunikation nimmt eine Schnittstellenfunktion zwischen Geschäftsführung und internen Anspruchsgruppen ein. Sie informiert Mitarbeiter und fördert den Wissenstransfer innerhalb des Unternehmens, sie vermittelt übergeordnete Leitlinien, sie unterstützt Veränderungs- und Transformationsbestrebungen, sie schafft Verständnis für (wirtschaftliche) Ziele, Strategien, Prozesse und Entscheidungen. Sie fördert auch Motivation, Identifikation und Mitarbeiterbindung und sie ermöglicht Dialog und Feedback, auch um Mitarbeiter zu befähigen, selbst aktiv im Sinne des Unternehmens zu kommunizieren. Gelingt dies, profitiert das Unternehmen im Idealfall auf vielen Ebenen: Die Mitarbeiter entwickeln Loyalität zu ihrem Arbeitgeber, der Krankenstand sinkt, die Produktivität steigt.

Intern kommuniziert wird schon immer, allerdings ist die Bedeutung aktiv gestalteter und gesteuerter interner Kommunikation erst nach und nach als bedeutend erkannt worden. Jüngere Mitarbeiter-Generationen erwarten heute von ihrem Arbeitgeber mehr als eine Entlohnung für ihre Arbeitsleistung. Sie suchen nach einem übergeordneten Sinn in ihrer Arbeit und wollen sich einer „Sache" zugehörig fühlen. Diese Idee sollte die Interne Kommunikation vermitteln, denn zu viele Geschäftsmodelle und Unternehmen erscheinen sonst beliebig und austauschbar. Eine starke Unternehmenskultur kann den Unterschied machen und Wettbewerbsvorteile bringen. Eine solche Kultur zu schaffen, ist zum einen Aufgabe der Führungskräfte, zum anderen leistet die Unternehmenskommunikation einen Beitrag, indem sie den „Purpose" des Unternehmens für Mitarbeiter sichtbar und erlebbar macht. Damit wird die interne Kommunikation zu einem Erfolgsfaktor der Unternehmensführung.

In einem traditionellen, eher hierarchisch geprägten Führungsverständnis lässt sich beobachten, dass Führungskräfte ihr Hoheitswissen nicht oder nur ungern teilen. Hier sollen Mitarbeiter nur so viel über das Unternehmen wissen, wie sie für ihre konkrete Arbeit benötigen. Sie brauchen sich im wohlmeinenden Sinn keine Gedanken (und keine Sorgen) über das Marktumfeld und die Strategie der Firma zu machen. Das gilt als Aufgabe der Unternehmensleitung, die dafür auch die volle Verantwortung trägt. In dieser Haltung steckt jedoch oft auch die Befürchtung, dass Mitarbeiter unkontrolliert interne Informationen nach außen geben könnten.

In einem solchen Setting wird im besten Fall top-down über die jeweilige direkt vorgesetzte Führungskraft kommuniziert, oft fehlt es an Hintergrundwissen oder gar Antworten auf die Frage nach dem „Why" – warum tun wir das, was wir tun? In dieser Kommunikationskultur existieren keine Räume für Dialog, etwa in Form einer Diskussion mit der Geschäftsleitung. Umgekehrt erfährt die Unternehmensspitze nicht, was die Basis denkt. Das Risiko: Es entsteht ein Informationsvakuum, das durch ungesteuerten Flurfunk, Halbwissen und Vorurteile gefüllt wird.

Top-Down-Kommunikation
Die Top-Down-Kommunikation über die Führungskaskade ist eine Form der internen Kommunikation, bei der der Kommunikationsfluss von der Unternehmensführung ausgeht. Sie wird verwendet, um Mitarbeiter über Prozesse und Entwicklungen von oben über die mittleren Managementebenen persönlich zu informieren.

2.1 Zielgruppengerechte Kommunikation: Schwarze Bretter abschrauben

In vielen Unternehmen dient nach wie vor das Schwarze Brett als zentrales Informationsmedium, wenn auch mitunter digital und nicht mehr ausschließlich papierhaft. Hier werden Fakten und Beschlüsse mitgeteilt, jedoch eignen sich diese Infoboards nicht, um komplexe Entwicklungen im Unternehmen zu beschreiben. Auch der Versuch, diese Informationen über Multimedia-Terminals mit Videos zu transportieren, stößt an seine Grenzen, wenn die Filmclips zu lang sind und die wesentlichen Informationen nicht knapp und prägnant transportiert werden. Es zeigt sich, dass diese Instrumente im besten Fall ein kommunikatives Grundrauschen erzeugen können, das durch weitere Kommunikationsmaßnahmen zu ergänzen ist, wenn die zentralen Botschaften bei den Mitarbeitern wirklich ankommen sollen.

Ist das Mitgeteilte nicht bedarfs- und zielgruppengerecht aufbereitet, zum Beispiel von Mitarbeitern in der Produktion, dem Außendienst oder in den Büros, verstehen die Adressaten die Botschaften nicht ohne weiteres. Eine gute Informationsweitergabe top-down braucht eine kommunikative Aufbereitung und Unterstützung für alle Ebenen, zum Beispiel mit einer verständlichen Präsentation. Es sollte klar sein, wer was in welcher Detailtiefe wissen und vermitteln soll. Dort, wo Abteilungsleiter wenig in strategische Überlegungen der Führung einbezogen sind, fehlen ihnen die Kenntnisse, um Botschaften kaskadiert und inhaltlich schlüssig weiterzugeben. Auch der Betriebsrat spielt eine wichtige Rolle und sollte systematisch frühzeitig eingebunden werden. So sollte weitgehend sichergestellt sein, dass Informationen nicht im Flurfunk verfälscht werden, absichtsvoll oder zufällig.

Ergänzend zum Schwarzen Brett gibt es weitere schriftliche Informationen an die Belegschaft, wie Rundschreiben oder Newsletter. In vielen Unternehmen existieren nach wie vor gedruckte Mitarbeiterzeitschriften mit einem diversen Angebot von der Betriebsratsinfo über die Anmeldung zum jährlichen Ausflug und den Kleinanzeigen bis eben auch zur Verlautbarung der Unternehmensleitung. Diese Publikationen entstehen mittels einer Art Betriebsjournalismus, der den Unternehmensalltag in seinen vielen Facetten spiegelt. Gleichzeitig sind die Inhalte oft von der Freigabe und der Kontrolle der Unternehmensleitung abhängig, sodass diese gesteuerte top-down Information Authentizität und damit auch nicht selten Glaubwürdigkeit einbüßt.

Leider ist die Interne Kommunikation in einigen Unternehmen noch immer nicht als Organisationseinheit etabliert und wird dann in der Regel von anderen Abteilungen miterledigt. Oftmals sind die dort Zuständigen keine Kommunikationsexperten, sondern unter anderem in der Assistenz der Geschäftsführung oder der Personalabteilung angesiedelt, manchmal ist die interne Kommunikation auch eine Aufgabe, die das Marketing übernimmt.

2.2 Orientierung und Sicherheit: Mitarbeiter wollen mitreden

Der Bedeutungszuwachs der internen Kommunikation kommt durch externe Impulse: Die unternehmerischen Rahmenbedingungen verändern sich immer schneller, kulturell, politisch, ökonomisch und technologisch. Damit geraten Unternehmen unter Anpassungsdruck, die Globalisierung führt zu wachsendem Wettbewerb auch um die Mitarbeiter. Für viele Unternehmen wird es unverzichtbar, aktive Kommunikationsbeziehungen zu ihren Mitarbeitern aufzubauen, um ihnen Orientierung und Sicherheit zu bieten. Die Gesellschaft fordert auf vielen Ebenen eine größere Teilhabe, das zeigt sich auch in den Unternehmen. Insbesondere jüngere Mitarbeiter setzen sich mit dem, was ihr Unternehmen verkörpert, stärker auseinander. Inwieweit achtet ein Unternehmen ethische Grundsätze, handelt es nachhaltig und hält es sich an Compliance-Regeln? Mitarbeiter sind zunehmend kritisch und verlangen Transparenz über Prozesse und Entscheidungen.

Mitarbeiter wollen wissen, wofür das Unternehmen steht, was geschieht, wie sie darin eingebunden sind und welchen konkreten Beitrag sie dafür leisten können. Sie sind nicht mehr nur Teil des Systems, sondern setzen sich auch in einer Außenperspektive kritisch mit Produkten oder Haltungen ihres Unternehmens auseinander. Ein Beispiel: Viele Unternehmen haben nach dem gewaltsamen Tod des Amerikaners George Floyd am 25. Mai 2020 in Polizeigewalt schnell ihre Haltung zu Rassismus formuliert. Schweigen und Neutralität kann sich ein Unternehmen nicht leisten – weder gegenüber Kunden noch seinen Mitarbeitern.

Nike reagiert auf Rassismus

Das amerikanische Unternehmen Nike verschickte am 30. Mai 2020 einen Tweet. Der bekannte Slogan „Just Do It" kam verändert als „For once, don't do it". In einem Video forderte Nike seine Follower auf, nicht so zu tun, als gäbe es kein Problem mit Rassismus in Amerika. Konkurrent Adidas teilte das Video sogar. Nike erfuhr allerdings auch Kritik, weil es keinen Schwarzen in der Geschäftsleitung gebe. ◄

Mitarbeiter wollen in einer unsicheren Zeit eine Perspektive, dafür braucht es in der Kommunikation nach innen Transparenz über Ziele und Strategien des Unternehmens. Mitarbeiter übernehmen Verantwortung und gestalten mit, sie wollen deshalb genau wissen, wofür und warum sie etwas tun und warum ihr Unternehmen so und nicht anders handelt. Sie benötigen Antworten auf ihre Fragen, um Zusammenhänge zu erkennen. Und sie wollen gehört werden, wenn wichtige Entscheidungen im Unternehmen anstehen und sie aus ihrer persönlichen Sicht kommentieren.

Purpose

Der US-Amerikaner Simon Sinek stellte 2011 in seinem Buch „Start with Why" die Frage nach dem Warum. Seine These: Inspirierende Unternehmen zeigen, woran sie glauben und warum sie tun, was sie tun. Sie realisieren ihren inneren Zweck („Purpose"). Sie sind motiviert von ihrer Vision, sie sprechen die Gefühle der Menschen an. Sie verkaufen mit ihrem „Why" ein Lebensgefühl und nicht nur ein Produkt oder eine Dienstleistung.

2.2 Orientierung und Sicherheit: Mitarbeiter wollen mitreden

Wenn die Interne Kommunikation diesen Kontext herstellt und einen Rahmen bietet, in dem diese Dialoge hierarchieübergreifend stattfinden können, dann eröffnet sie Mitarbeitern die Chance, sich wirklich mit ihrem Arbeitgeber zu identifizieren, langjährig für das Unternehmen tätig zu sein und ihre Überzeugung idealerweise auch nach außen zu transportieren. So werden die eigenen Mitarbeiter zu glaubwürdigen Botschaftern des Unternehmens in der Öffentlichkeit.

Transparent informierte Mitarbeiter identifizieren sich mit ihrem Unternehmen, eine gute interne Kommunikation kann also zu einer besseren Einbindung der Mitarbeiter beitragen. Sie tragen die Verantwortung für ihr Unternehmen mit und gehen deshalb mit den Informationen, die sie haben, auch verantwortungsvoll um. Solche Mitarbeiter werden ihrer Firma nicht schaden.

Besonders in Zeiten von Veränderungen kommt es darauf an, dass Mitarbeiter umfassend und ihrer Position angemessen informiert werden, dann werden sie Veränderungen im Unternehmen auch besser verstehen können und nicht blockieren ([1], S. 12). Erfolgt die Kommunikation mit den Mitarbeitern jedoch nicht nachvollziehbar und nicht kontinuierlich, werden sich diese durch den Flurfunk informieren, in dem Gerüchte hoch gehandelt werden, oder aus kritischen Medienberichten, die nicht im Sinne der Unternehmensleitung sind. Das Unternehmen verliert dann die Deutungshoheit und muss versuchen, bereits vorgefestigte Meinungen zu entkräften und die eigene Perspektive glaubwürdig darzustellen. Eine Aufgabe, die fast immer misslingt, wenn die Unternehmensspitze nicht rechtzeitig vorab den Ton setzt und die Deutungshoheit für sich beansprucht. Sind Mitarbeiter nicht zufrieden mit der Unternehmensführung, werden sie unter Umständen Informationen nach außen geben, auch die besten Richtlinien können dies nicht verhindern. Der beste Schutz gegen Lecks und Whistleblowing ist eine angemessene und kontinuierliche interne Kommunikation – medial und persönlich über die jeweiligen Vorgesetzen an die Mitarbeiter, eine Kommunikation, die hier nicht stoppt, sondern in der die Mitarbeiter bei der Führung Gehör finden und ihre Perspektive auf die Dinge berücksichtigt wird.

Mitarbeitende für einen neuen Kurs gewinnen

Dr. Tobias Korenke, Leiter Unternehmenskommunikation, FUNKE Mediengruppe und Geschäftsführer, Agentur raufeld

„Es muss sich alles ändern, damit es bleiben kann, wie es ist." Wohl kein anderes Zitat wird in Zeiten der Transformation so häufig verwendet wie dieses aus dem Roman „Der Leopard" entnommene Wort von Tomasi di Lampedusa. Dabei trifft es den Kern von disruptiven Veränderungsprozessen ganz und gar nicht. Es ist eine Lüge, denn nichts wird so bleiben, wie es ist; alles wird anders, weil sich die Welt um uns herum radikal verwandelt. Nur wenn diese Wahrheit der gesamten Kommunikation zugrunde liegt, spüren die Mitarbeitenden, dass sie ernst genommen werden. Und nur wenn sie ernst genommen werden, können sie sich öffnen, bereit und fähig sein, ihr Denken und Handeln zu verändern. Wahrhaftigkeit ist die Voraussetzung dafür, dass Transformation Teil des „Mental Furniture" – also des geistigen Mobiliars – einer Organisation wird.

Um Mitarbeitende für eine neue Strategie zu gewinnen, ist es also von essenzieller Bedeutung, ihnen von Beginn an reinen Wein einzuschenken und folgende Punkte zu beachten:

- Eindeutige Sprache verwenden: Keinen der Realität fremden Beraterjargon übernehmen, der allzu oft die Tatsachen verschleiert, sondern klar und verständlich Ziele formulieren.
- Die Relevanz der Transformation in den Mittelpunkt der Kommunikation stellen: Nicht um den heißen Brei herumreden, sondern mit konkreten Beispielen erklären, warum sich alles verändern muss.
- Über das Timing keine Illusionen entstehen lassen: So sehr sich auch alle nach einer Rückkehr in die alte Normalität sehnen, die neue Normalität wird die ständige Transformation sein.
- Die praktische Umsetzung mit denen erarbeiten, die von dem Wandel betroffen sind: Keine vorgefertigten Konzepte in die Teams kippen, sondern mit den Kollegen und Kolleginnen gemeinsam an Lösungswegen arbeiten.

- Mit Bad News offen umgehen: Schlechte Nachrichten, wie etwa der Abbau von Arbeitsplätzen, nicht aufschieben, sondern dann kommunizieren, wenn sie absehbar sind.

Natürlich, interne Medien können und sollten die Transformation begleiten. Intranet, Mitarbeiterzeitung und, besonders wirkungsvoll, eine App für die Mitarbeitenden, mit der Push-Nachrichten verschickt werden können, sind wichtig. Ersetzen können sie aber den direkten Austausch nicht. Vorstände und Führungskräfte haben jetzt vor allem moderierende Aufgaben. Sie sind nicht mehr die Verkünder des neuen Kurses, sondern regen die Mitarbeitenden zum Nachdenken über den Wandel und seine Umsetzung an. Sie initiieren den Austausch – horizontal unter den Mitarbeitenden und vertikal zwischen Führungskräften und Mitarbeitenden. Hierarchien spielen in diesen Diskursen eine immer geringere Rolle. Denn auch das gehört zur Wahrheit: In der Transformation zählt die beste Idee, das größte Engagement, nicht der höchste Rang. Wenn die Führung sich das eingesteht und es so kommuniziert, zeigt sie Souveränität und gewinnt Glaubwürdigkeit – die Währung, die in der Transformation am wichtigsten ist. Viel zu häufig wird in der Transformations-Kommunikation die Wahrheit verbrämt. Spüren die Mitarbeitenden, dass sie ernst genommen werden, sind sie bereit, Routinen hinter sich zu lassen und neue Wege einzuschlagen. Und nur dann gelingt eine Transformation. ◄

2.3 Unternehmenskultur: Ein richtiges Wir-Gefühl

Interne Kommunikation ist auch ökonomischen Entwicklungen im Marktumfeld eines Unternehmens unterworfen. Wesentlich ist hier der Fachkräftemangel, der dazu führt, dass sich Unternehmen mehr als früher um die Zufriedenheit ihrer Mitarbeiter bemühen (müssen), um sie zu motivieren und zu halten.

Aus dem jüngsten Gallup Engagement Index von 2021 [2] ergibt sich, übrigens ähnlich wie in den Jahren zuvor: Fast sechs Millionen Arbeitnehmer in Deutschland (15 Prozent) haben innerlich gekündigt, zwei Drittel (68 Prozent) machen lediglich Dienst nach Vorschrift. Ihre Wechselbereitschaft hat sich zuletzt sogar noch erhöht. Nur 17 Prozent der Arbeitnehmer haben eine hohe emotionale Bindung an ihre Organisation und sind mit Hirn, Herz und Hand dabei.

Great Resignation
Zur Einordnung: Lediglich 44 Prozent der Befragten gehen laut Gallup sicher davon aus, in drei Jahren noch beim aktuellen Arbeitgeber beschäftigt zu sein. Aktuell ist mit der „Great Resignation" eine Kündigungswelle zu beobachten, die eine große Herausforderung für die Unternehmen darstellt.

Kein Zweifel: Interne Kommunikation hat einen Anteil daran, wenn es nicht gelingt, das eigene Unternehmen als guten Arbeitgeber darzustellen. Transparente Kommunikation, Partizipation und Dialogformate mit der Unternehmensleitung über die strategischen Ziele des Unternehmens können Tools sein, das Interesse der Mitarbeiter an einer langfristigen Bindung an ihr Unternehmen immer wieder neu zu wecken. Plattformen wie „Great place to work" vergleichen Arbeitgeber anhand festgelegter Kriterien. Wer sich hier mit den richtigen Features gut bewertet wiederfindet, kann Vorteile haben.

Mitarbeiter für die eigene Arbeitgebermarke zu begeistern, ist eine Aufgabe der internen Kommunikation. Employer Branding benötigt glaubwürdige Inhalte, neue, innovative Formate, Originalität und Kreativität. Viele Dinge können dazu beitragen, dem Arbeitgeber sympathische Eigenschaften und somit eine Identität zu verleihen.

Employer Branding
Der englische Begriff hat sich in der einschlägigen Literatur durchgesetzt, um zu beschreiben, was es bedeutet, eine Arbeitgebermarke zu entwickeln. Unternehmensleitung und Personalabteilung sind dafür verantwortlich. Das Ziel: Mitarbeiter anziehen, motivieren und binden, um im Wettbewerb um Fachkräfte zu bestehen, Kosten für die Personalgewinnung zu senken und Know-how zu sichern. Die Unternehmenskommunikation unterstützt diese Anstrengungen – vor allem intern, aber auch in der externen Kommunikation. Identität ist kein statisches Konzept. So wie sich das gesellschaftliche Umfeld ändert, ändern sich auch Erwartungen an eine attraktive Arbeitgebermarke [3].

Eine zusätzliche Herausforderung für die interne Kommunikation ist, dass sich ein Wir-Gefühl in vielen Unternehmen nicht von selbst einstellt. Die Bindung an ein Unternehmen ist zunehmend davon abhängig, ob sich die Vorstellung der Mitarbeiter vom Leben in einer Gesellschaft mit dem vereinbaren lässt, welche Wertvorstellungen sie in ihrem Unternehmen vorfinden und ob sie dort für sich längerfristige Perspektiven sehen ([1], S. 17). Wirtschaftlich erfolgreich zu sein, reicht für eine Mitarbeiterbindung nicht mehr aus. Das Unternehmen sollte glaubhaft Werte und strategische Prioritäten vermitteln und sich so gegenüber seinen Mitarbeitern legitimieren. Sind Mitarbeiter zufrieden mit dem Unternehmen, leisten sie ihren eigenen Beitrag zu einer positiven Unternehmenskultur. Eine gute interne Kommunikation geht Hand in Hand mit der Qualität der Führung und kann eine positive, wertschätzende Kultur in einem Unternehmen fördern und ausdrücken.

Wichtig ist, dass den Führungskräften die richtigen Kommunikationsinstrumente an die Hand gegeben werden, damit sie alle den gleichen Inhalt kommunizieren. In großen Konzernen gibt es dafür oft eine eigene Einheit – zum Beispiel „Leadership Communication" genannt – neben oder als Teil der internen Kommunikation. Das zeigt, neben dem medialen Strang der internen Kommunikation kommt es besonders darauf an, wie Führungskräfte als Multiplikatoren eingesetzt werden. Dazu brauchen sie die richtigen Kernbotschaften und sinnvolle Tools.

Führungskräfte als Multiplikatoren nutzen

Katja Ansmann,
Head of Corporate Communications, Deutsche WertpapierService Bank AG

Als ich 2015 die Leitung der Unternehmenskommunikation übernommen habe, ging es in erster Linie um reine Informationsvermittlung – ganz gleich ob intern oder extern. Mitarbeiter haben sich über ein monatliches Magazin zu unternehmensrelevanten Themen informiert und Führungskräfte konnten einmal im Jahr durch den Vorstand mehr zur strategischen Ausrichtung der Bank erfahren. Elemente wie Partizipation und Interaktion gab es zu diesem Zeitpunkt nicht.

Das haben wir grundlegend verändert: Unsere interne Kommunikation hat sich vor allem in den letzten Jahren stark weiterentwickelt. Die erste große Veränderung entstand 2016 mit dem Einstieg in einen umfassenden Kulturwandel. Unsere Führungskräfte standen zu diesem Zeitpunkt – genau wie wir in der Unternehmenskommunikation – vor einer neuen und besonderen Aufgabe. Dazu mussten wir aktueller, schneller und persönlicher werden und vor allem die Führungskräfte für den Wandel befähigen, sie aktiv in den Kommunikationsprozess einbinden und sie gleichzeitig sprechfähig machen. Unser Ziel: Den Wandel in der Bank überzeugend begründen und dazu einen Austausch auf allen Hierarchieebenen initiieren. Dazu haben wir eine Kommunikationskaskade top-down bestehend aus Bereichs- und Abteilungsworkshops konzipiert mit dem Fokus auf informieren, involvieren und aktivieren. Zur Befähigung der Führungskräfte, diese Workshops mit ihren Teams durchzuführen, gab es ein gut durchdachtes Kommunikations-Kit mit einheitlichen Sprachregelungen, Moderationsleitfäden, Workshop-Poster zur Bearbeitung und Leitfragen zur Generierung von Mitarbeiterfragen und -feedbacks. Fragen und Feedbacks der Mitarbeitenden haben wir immer wieder in bankweiten Veranstaltungsformaten aufgegriffen und zusammen mit dem Vorstand diskutiert. So konnte die Kaskade nachhaltig wirken.

Gleichzeitig haben wir unseren gesamten Medien-Mix multimedialer ausgerichtet und unser Kommunikationsangebot durch diverse Dialogformate erweitert, wie etwa CEO-Frühstücke mit Führungskräften, Vorstandslunches mit Mitarbeitern und bankweite Telefonkonferenzen mit Q&A-Elementen. Wir haben das Intranet zur zentralen Heimat unseres Kulturwandels gemacht. Heute findet man dort Geschichten von Mitarbeitern für Mitarbeiter. Uns war es besonders wichtig, Hürden zwischen Vorstand und Führungsteam abzubauen und mehr Nähe zu schaffen sowie die bereichsübergreifende Zusammenarbeit zu fördern. Raus aus den bekannten Silos hinein in ein Wir-Gefühl. Ein Thema, das sicher viele Unternehmen bewegt. Dazu haben wir unsere bestehende Führungskräfteveranstaltung inhaltlich und methodisch völlig neu gedacht. Sie ist jetzt eine Plattform, die den Wandel sichtbar und erlebbar macht sowie Dialog und Diskurs zur laufenden Veränderung ermöglicht. Auf dieser erfolgreich etablierten „Zukunftswerkstatt" treffen sich zu Jahresbeginn Vorstand und Führungsteam und arbeiten aktiv in verschiedenen Sessions an strategischen Themen der Bank – es darf und soll dort auch kritisch diskutiert und hinterfragt werden. Während früher die Inhalte noch vom Vorstand vorgegeben wurden, sind es heute die Führungskräfte, die mit ihren Beiträgen das Format ausgestalten. Die wichtigsten Ergebnisse dieser Veranstaltung veröffentlichen wir als Videobotschaft von unserem CEO für alle zugänglich im Intranet. Unser Ziel ist es, bald Teile der Veranstaltung live im Intranet zu übertragen.

Das Jahr 2020 brachte uns gleich mehrere Herausforderungen – neben IT/Performance-Störungen versetzte uns die Corona-Pandemie in eine Situation, die allen bislang völlig fremd war. Als Unternehmenskommunikation waren wir extrem gefordert und haben uns zur Aufgabe gemacht: Wir erzeugen auf allen Ebenen Nähe trotz räumlicher Distanz. Dazu haben wir schnell Corona-spezifische Kommunikationsformate entwickelt, die wir in enger Frequenz virtuell durchgeführt haben (u. a. monatliche Vorstandmailings, zwei Mitarbeiterveranstaltungen und ein Lerntag pro Jahr, regelmäßige Zoom-Calls mit dem Vorstand sowie Meet bzw. Lunch & Learn als Austauschformate für Mitarbeiter bzw. Führungskräfte), die inzwischen zu fest etablierten Formaten der internen Kommunikation geworden sind.

Abschließend kann ich sagen: Wir haben viel dazu gelernt, sind digitaler und dynamischer geworden. Jetzt steht ein neues Format an: Unsere Teamreise zur hybriden Zusammenarbeit. In elf Etappen können sich die Kolleginnen und Kollegen mit dem Thema hybride Zusammenarbeit auseinandersetzen. Ich freue mich schon darauf und bin gespannt wie das neue Format angenommen wird. ◄

Führungskräfte zur persönlichen Kommunikation zu befähigen, ist eine zentrale Aufgabe der Unternehmenskommunikation. Sie sollten in der Lage sein, Strategien und Werte zu vermitteln, Richtungen vorzugeben, persönliche Zielsetzungen zu etablieren und eine zielorientierte Kultur zu schaffen. Die Glaubwürdigkeit der Führungskraft spielt eine zentrale Rolle, dafür muss sie fachlich kompetent, aber auch menschlich überzeugend sein. Ob institutionalisierte Dialoge, Workshops, Kanban-Boards oder Videos, die Tools und Formate der Führungskräfte-Kommunikation sollten dem jeweiligen Unternehmenssetting angepasst sein.

Die Entwicklung der internen Kommunikation vollzieht sich grob in drei Stufen: Das erste Szenario beschreibt die Top-down-Kommunikation, die dazu dient, die Mitarbeiter über relevante Informationen in Kenntnis zu setzen. Im Idealfall ist den Mitarbeitern in diesem Fall die Strategie bekannt, die Interne Kommunikation hat entsprechende Informationen (zeitnah) zur Verfügung gestellt. In der nächsten Entwicklungsstufe wird die Einweg-Kommunikation um den für das Verständnis essenziellen Rückkanal ergänzt: Mitarbeiter erhalten hier die Möglichkeit, Fragen zu stellen, Bedenken zu äußern und werden dadurch enger in unternehmerische Entscheidungen eingebunden. Das Top Management versteht umgekehrt besser, wo die eigenen Leute stehen und kann Wünsche und Befürchtungen direkt adressieren. So entsteht im Idealfall ein tieferes Verständnis der Notwendigkeit der Strategie und der erwünschten Wirkung. Auf der dritten Stufe der Entwicklung entsteht ein offener, nicht mehr notwendigerweise durch die Interne Kommunikation gesteuerter, unternehmensweiter Dialog, der dazu beiträgt, dass die Führungskräfte und Mitarbeiter die Strategie tatkräftig umsetzen. Die Interne Kommunikation ist hier nicht der alleinige Absender der Information, sondern die Mitarbeiter können ihre Kollegen eigenständig in dem hierfür bereitgestellten Rahmen (etwa Social Intranet oder Digital Workplace) informieren, sich mit ihnen länder-, hierarchie- und bereichsübergreifend vernetzen und gemeinsame Lösungen erarbeiten. Das Zulassen von „User-generated Content" dient sogleich als Beschleuniger des Kulturwandels und stellt einen zentralen Hebel in der Transformation eines Unternehmens dar.

User-generated content
UGC, englisch für „nutzergenerierte Inhalte" (auch als „user-created content" bezeichnet) steht für Medieninhalte, die nicht vom Anbieter eines Medienkanales, sondern von dessen Nutzern erstellt werden.

2.4 Mitarbeitergerechte Sprache: Wir sprechen alle an

Ein sensibler Bereich der internen Kommunikation ist der Umgang mit Sprache. Um unterschiedliche Gruppen innerhalb des Unternehmens zu erreichen, sollte die Interne Kommunikation immer mitarbeitergerecht kommunizieren. An manchen Stellen ist eine einfache oder barrierefreie Sprache sinnvoll, an anderer Stelle sollte eine Botschaft in die jeweilige Landessprache übersetzt werden, damit sie besser verstanden wird.

Für global agierende Unternehmen ist die richtige Ansprache ihrer Mitarbeiter eine große Herausforderung. Idealerweise ist Kommunikation nicht vom Headquarter, seiner Zeitzone und Gepflogenheiten allein geprägt. Auch in weltweit agierenden Konzernen ist dies jedoch oft noch der Standard. Kommuniziert werden sollte in mehreren Sprachen und im Bewusstsein der unterschiedlichen Zeitzonen, besonders wenn es um Live-Kommunikation oder virtuelle Dialogformate geht. Vom Headquarter aus Meetings zu terminieren, die an Standorten auf anderen Kontinenten immer morgens um vier stattfinden, kann als Rücksichtslosigkeit gewertet werden. Wichtig ist es auch, zu überprüfen, ob die Kommunikation in anderen Kulturen genauso verstanden wird wie im Headquarter. Das kann auch Fotos und Illustrationen für Präsentationen und Plakate betreffen.

Wie möchten die Mitarbeiter angesprochen werden? Ein Trend, mit dem sich Interne Kommunikation zunehmend auseinandersetzt, ist die gendergerechte Sprache. Öffentlich kontrovers diskutiert, haben Organisationen bereits Konzepte entwickelt, zum Beispiel auch Audi. Der Konzern empfiehlt die Schreibweise „Audianer_innen". Gendersensibel zu kommunizieren sei „eine Frage des Respekts und Ausdruck einer Haltung gegen Diskriminierung und für Vielfalt", argumentiert der Vorstand [4]. Die Diskussion, was verständlich oder sprachlich unschön sei, wird sich entwickeln. Es gibt nicht die eine richtige Lösung für jede Organisation: ob Mitarbeiter*innen, Mitarbeiter_innen, Mitarbeitende oder welche Schreibweise auch immer gewählt wird – wichtig ist es, den sprachlichen Trend nicht einfach zu ignorieren, denn das könnte an den Bedürfnissen und dem Empfinden der Mitarbeiter vorbeigehen.

Ein weiterer Trend ist die Duz-Kultur. Das Nennen beim Vornamen kommt aus der angelsächsischen Unternehmenskultur, im Deutschen nicht so ohne weiteres umzusetzen ohne das Du. Konzerne wie Otto haben es vorgemacht. Der damalige Unternehmenschef Hans-Otto Schrader begründet: „Wir wollen im Unternehmen zu einem noch stärkeren ‚Wir'-Gefühl kommen. Das hat viel mit flachen Hierarchien und der Bereitschaft zu tun, Verantwortung zu übernehmen. Der Weg zum

2.4 Mitarbeitergerechte Sprache: Wir sprechen alle an

,Wir' geht einfacher über das Du". Das Du sieht Schrader als äußeres Zeichen eines Kulturwandels [5].

Der Vorteil eines Dus von oben ist die Einheitlichkeit, denn wenn sich einige duzen und andere aber siezen, kann das zu Unsicherheiten in der Kommunikation führen. Das gilt besonders, wenn ein Unternehmen im internationalen Kontext arbeitet, dort der Vorname selbstverständlich ist, zu Hause aber wieder Frau Müller und das Sie. Verordnet werden sollte das Du nicht, es ist ein Angebot. In manchen kleinen und mittleren Betrieben ist es noch immer üblich, dass der Unternehmensleiter die Mitarbeiter duzt, sich aber siezen lässt. Auch wenn es von den Mitarbeitern toleriert wird, kann dies als Respektlosigkeit verstanden werden.

Welchen Ton die Leitung eines Unternehmens führt, ist entscheidend für die Unternehmenskultur. Der „tone from the top" ist das kommunikative Grundgerüst einer Unternehmenskultur. So wie die Führung kommuniziert, mit einer erkennbaren Haltung und ethischen Prinzipien, so werden die Mitarbeiter den „tone" und damit auch die Haltung aufnehmen. Die oder der direkte Vorgesetzte ist die glaubwürdigste Quelle für Informationen aus dem Unternehmen. Mitarbeiter orientieren sich an ihren Vorgesetzten, auch in deren Verständnis, was richtig und was falsch ist [3].

Nutzen Sie Kommunikation als zentralen Treiber der Team Performance

Rabea Bliestle, Founding Member, Funky People Collective

„Trau dich" möchte ich ganz vielen Führungskräften zurufen, wenn es um Kommunikation mit dem eigenen Team geht. Je nach Unternehmenskultur und persönlichen Stärken und Vorlieben von Führungskräften gehen sie mehr oder weniger proaktiv in die Kommunikation mit ihrem Team. Manche Führungskräfte lagern die Kommunikation zu allen nicht-fachlichen Themen völlig aus: Infos zu unternehmensweiten Entwicklungen und Vorhaben sollen sich die Mitarbeiter aus dem Intranet ziehen, persönliche Gespräche werden weitestgehend vermieden oder (stillschweigend) dem Kümmerer im Team überlassen. Es ist ja auch immer so viel zu tun! Und Kommunikation kostet so viel Zeit!

Tatsächlich wissen wir aus aktuellen Studien, dass das relevanteste Merkmal von High Performance Teams die psychologische Sicherheit ist. Dies bedeutet, wenn sich die Teammitglieder in ihrem Team sicher fühlen und sich auch trauen, sich mit ihren Fehlern und Schwächen zu offenbaren, steigt die Wahrscheinlichkeit, dass sich ein Team positiv entwickelt, aus Fehlern lernt und sich gegenseitig stützt, enorm. Strukturelle Themen wie bspw. Ziel- und Aufgabenklarheit oder aber der Purpose – die persönliche Sinnhaftigkeit des beruflichen Tuns – spielen bei der Leistungsfähigkeit keine so wichtige Rolle wie die psychologische Sicherheit.

Denkt man dies zu Ende, bedeutet es, dass jede Führungskraft unbedingt Zeit und Energie in die Kommunikation mit dem Team stecken sollte – es zahlt sich später mehrfach aus. Ein Beispiel möchte ich hier nennen: Teams mit schwacher Kommunikation klären Missverständnisse untereinander häufig über den Vorgesetzten – es wird also hocheskaliert, der Chef klärt die Dinge und die Mitarbeiter verharren in ihrer Position. Ein Team mit hoher Kommunikationsstärke wird versuchen, die Themen, die innerhalb vereinbarter Leitplanken liegen, selbst zu klären und nur in Ausnahmefällen auf den Chef zurückgreifen. Dazu braucht das Team jedoch die Sicherheit, dass der Vorgesetzte diese Autonomie gibt und im Team Transparenz über diesen Grad der Selbstverantwortung besteht. Diesen Effekt kann man nicht verordnen, sondern nur über Kommunikation mit dem Team entwickeln.

Wenn Sie selbst in Führungsverantwortung sind: Bitte lassen Sie mal Revue passieren, wie viel Zeit (und Nerven) Sie Klärungsgespräche kosten. Wenn das Kind in den Brunnen gefallen ist, kommt man nicht drumherum, sich zu kümmern. Aber was, wenn Sie mit proaktiver Kommunikation mit Ihrem Team dafür sorgen, dass seltener krisenhafte Situationen zu lösen sind?

In agilen Settings nutzen wir ganz bewusst Methoden, die Führungskräften und ihren Teams dabei helfen, Transparenz zu schaffen, über gute und weniger gute Erfahrungen und Entwicklungen zu sprechen und insgesamt zu lernen.

Und ob Sie es „Agilität" oder „Lernende Organisation" nennen, ist zweitrangig. Letztlich ist der Anspruch, in aktiver Kommunikation miteinander zu stehen und sich auszutauschen, relevant. Interessanterweise dauert dies z. B. über regelmäßig durchgeführte Retrospektiven in denen das Team zurückschaut und alle positiven wie negativen Perspektiven hochgeholt werden, nicht besonders lange. Auch der zweckmäßige Einsatz von Kanban-Boards ist z. B. sehr hilfreich, um gemeinsam den Workload und den Workflow im Team abzubilden und zu klären.

Ein Hinweis zu Tools sei mir noch erlaubt: Tools sind toll. Und ganz besonders toll sind sie, wenn klar ist, wozu sie eingesetzt werden und wenn mit ihnen auch über die „weichen" Aspekte gesprochen werden kann. Dann können sie wirklich dabei helfen, psychologische Sicherheit im Team zu schaffen und (noch) performanter zu werden. Ihre in Kommunikation gesetzte Zeit ist also ein gutes Investment. ◄

2.5 Digital und multimedial: Mitarbeiter auf allen Kanälen erreichen

Alle Unternehmen durchlaufen den Prozess der Digitalisierung. Das betrifft Geschäftsmodelle und -prozesse und die Kommunikation gleichermaßen. Die digitale Transformation bedingt einen Kulturwandel und bringt eine andere Art und Dynamik der Kommunikation mit sich. So wird die Kommunikation zu einer wichtigen Säule der digitalen Transformation. Einen elementaren Anteil an diesem Wandel haben die sozialen Medien. Die Mitarbeiter bringen digitale Alltagskompetenzen, ihre privaten Nutzungsgewohnheiten und Erwartungen, die sogenannte „user experience" aus dem Netz mit zum Arbeitsplatz und lassen sie dort mit einer veränderten Erwartung an die Medien der Unternehmenskommunikation auftreten. Die Mitarbeiter sind dann nicht mehr nur Empfänger, sondern auch Sender von Botschaften.

Auch die handwerklichen Anforderungen an die Manager der Internen Kommunikation sind vielfältiger geworden. Es müssen nicht mehr nur komplexe Inhalte in verständliche, sprachliche Textbotschaften für diverse Anforderungen umgesetzt werden, die Interne Kommunikation sollte multimedial aufgestellt sein und sich auf unterschiedlichen Kanälen bewähren. Dialogische Kommunikation, Blogs, Podcasts, Videoformate: Dafür ist es unabdingbar, dass die Mitarbeiter der internen Kommunikation auch technisches Know-how entwickeln und sich auf digitalen Kanälen sicher bewegen können. Vom Betriebsjournalisten zum Tech-Experten, der Tools entwickeln und Kommunikation in Echtzeit messbar machen kann: Kompetenzen in der Kommunikation wandeln sich nicht nur, es kommen neue, zusätzliche hinzu, die den Erfolg ausmachen. Für den erfolgreichen Wandel notwendig ist ein diverses Team, bei dem Kompetenzen und Aufgaben gut verteilt sind.

Sind nicht alle Mitarbeiter in einem Unternehmen per Mail erreichbar, kann zum Beispiel eine Mitarbeiter-App die Lösung sein. Inhalte werden personalisiert an die Adressaten, auf das private Smartphone geschickt. Dazu sollte die Interne Kommunikation die Bedürfnisse und Erwartungen der Mitarbeiter analysieren. Es gibt Push-Nachrichten, Chat- und Konferenzfunktionen und Mitarbeiter können Themen der internen Kommunikation nach ihren persönlichen Interessen oder Fachgebieten abonnieren, etwa wenn es unter dem Dach einer Holding mehrere Gesellschaften gibt, die vollkommen unterschiedliche Produkte hervorbringen oder in unterschiedlichen Märkten und Ländern operieren. Mailings nach dem Gießkannenprinzip kann das Tool mittelfristig ersetzen [6].

Wichtig ist, dass es für die Mitarbeiter relevante Inhalte sind, die die Interne Kommunikation auf diesen Kanälen weitergibt. Machen die Mitarbeiter die Erfahrung, dass nichts für sie Wichtiges angeboten wird, werden sie diesen Kommunikationskanal nicht annehmen.

Ein häufig genutztes Format ist die Video-Botschaft geworden. Ein Video hat viele Vorteile und braucht zwar etwas technisches Knowhow, aber nicht zwangsläufig ein professionelles Studio. Kurze, wirklich kurze (max. 30–60 Sekunden) Video-Updates können in der internen Kommunikation als Alternative zu schriftlicher Information gesehen werden. Ein Video erreicht viele Mitarbeiter in kurzer Zeit. Untersuchungen zeigen, dass Inhalte bei den vielen Mails, die Mitarbeiter täglich bekommen, untergehen können. Ein Video bekommt besondere Aufmerksamkeit, weil es, insbesondere auch bei jüngeren Rezipienten, modernen Nutzungsgewohnheiten entspricht. Viele Nutzer schauen es schneller an als sie eine Mail mit den gleichen Inhalten lesen. Dazu kommt, dass es einfacher gelingt, eine persönliche oder emotionale Note in einem Video als in schriftlicher Sprache zu transportieren.

Deshalb können Videos in der internen Kommunikation auf vielen Ebenen genutzt werden. Es ist eine individuelle Frage der Kultur oder Gewohnheit, ob Videos nur für den Auftritt des Vorstands reserviert bleiben oder auch andere Absender in

Frage kommen – mehrere Gesichter können in kurzer Zeit komplexe Inhalte transportieren. Auch Führungskräfte können mit ihrem Smartphone ein kurzes Video-Update für die eigenen Mitarbeiter aufnehmen, wenn sie – etwa pandemiebedingt – nicht alle zum Briefing versammeln können.

2.6 Virtuelle Kommunikation: Das neue Normal

Die Corona-Pandemie hat die Verbreitung der virtuellen Kommunikation enorm beschleunigt. Die Unternehmen hatten keine Wahl: Eins-zu-eins-Dialoge, Team-Meetings, große Konferenzen, alles musste virtuell stattfinden. Die Technik wurde aufgerüstet, neue Formate entwickelt und alles musste schnell ins Laufen gebracht werden. Eine starke Leistung der Kommunikationsteams in den Unternehmen, die viele zusätzliche Arbeitsstunden erfordert und nicht in allen Unternehmen die verdiente Anerkennung erfahren hat.

Die Pandemie entblößte, wie schlecht es in vielen Organisationen um die technische Infrastruktur und auch das technische Knowhow stand. Zu Beginn verhalfen sich viele Mitarbeiter mit privaten Endgeräten. Damit Mitarbeiter aus dem Homeoffice überhaupt auf interne Systeme und das Intranet zugreifen können, arbeiteten Unternehmen unter anderem mit technischen Tricks, darunter „hidden pages", also gespiegelten Seiten, die unter einer öffentlich unbekannten Adresse ins Internet gestellt werden. Viele Unternehmen hängen der digitalen Entwicklung auch heute noch deutlich hinterher, andere haben diese Zeit genutzt und setzen die virtuellen Tools heute mit einer Selbstverständlichkeit ein, die zu Beginn des Jahres 2020 noch undenkbar gewesen wäre. Dies wurde von der unternehmensinternen IT unterstützt, die damit eine wichtige Schnittstelle für die Interne Kommunikation darstellt. Während die Personalabteilung schon immer eng mit der internen Kommunikation zusammengearbeitet hat, entsteht mit der Digitalisierung von Kommunikation eine weitere, ungemein wichtige Schnittstelle zur IT-Abteilung. Zur inhaltlichen Komponente der Kommunikation kommt die technologische hinzu. Professioneller Support, auch von externen Dienstleistern, macht den Erfolg von interner Kommunikation vielfach erst möglich. Externe Dienstleister bieten sich oftmals an, wenn die eigene IT diese speziellen Anforderungen nicht bewältigen kann.

Es gibt viele Herausforderungen, denen sich die Kommunikationsabteilung bei einer vorwiegend virtuellen internen Kommunikation stellt: Wie funktionieren Motivation und Zusammenarbeit in diesem Setting, wie gelingt gute Führung, wie lässt sich die Aufmerksamkeit der Mitarbeiter am Bildschirm aufrechterhalten? Große virtuelle Town Halls sind mitunter einfacher zu organisieren als eine klassische Mitarbeiterversammlung auf dem Werksgelände, aber die Reaktionen der Mitarbeiter sind oftmals schwerer einzufangen und zu deuten. Auch kann eine permanente Kommunikation ausschließlich über virtuelle Kanäle ermüden, die Kommunikationsexperten im Unternehmen sollten die beste Balance dafür finden.

Auch wenn der persönliche Kontakt nicht ohne weiteres aufgewogen werden kann, gewöhnen sich die Nutzer rasch an die virtuelle Kommunikation. Es ist bereits absehbar, dass sie ihren Platz auf Dauer behält, auch wenn persönliche Formate wieder möglich geworden sein werden. Unternehmen, die sich dem Trend nicht öffnen und entsprechende technische Lösungen nebst kommunikativen Formaten nicht zum Standard entwickeln, werden Nachteile haben.

2.7 Social Intranet: Mut zum Makel

Grundsätzlich ist eine gute interne Kommunikation dann effizient, wenn sich die Mitarbeiter eines Unternehmens zeit(zonen)-, ort- und funktionsübergreifend sowohl hierarchiefrei als auch selbstorganisiert miteinander vernetzen können. So können internes Wissen und neue Ideen allen Mitarbeitern zur Verfügung gestellt werden. Kennzeichnend für eine erfolgreiche Vernetzung ist die Unmittelbarkeit und Direktheit der Kommunikation. Dabei kommt es nicht auf professionell ausgeleuchtete Perfektion an. Bei einem spontanen Handyvideo zum Beispiel zählt vor allem Authentizität. Wo bei der Modernisierung von Organisationen der Mut zu Versuch und Irrtum voranschreitet, werden kleine Makel in der Machart leichter verziehen.

Deshalb treibt die Digitalisierung eines Unternehmens die interne Kommunikation voran – und umgekehrt. Das eine ist ohne das andere nicht denkbar. Allerdings gibt es große Unterschiede, die sich aus der Branche und der jeweiligen Kultur eines Unternehmens ableiten. In einer genauen Analyse des Unternehmens und seiner Kultur lassen sich Lücken aufdecken und handlungsleitende Bilder davon gewinnen, wer wo steht und in welche Richtung und mit welcher individuellen Geschwindigkeit das jeweilige Unternehmen auf dem Pfad der Digitalisierung unterwegs ist.

Literatur

1. Buchholz, U. (2010). Interne Unternehmenskommunikation im Wandel der Zeit. Ihre Entwicklung und ihre Modelle als Instrument der Unternehmensführung, erschienen in Abschnitt 3.69. In G. Bentele, M. Piwinger & G. Schönborn (Hrsg.), *Kommunikationsmanagement*. Luchterhand.
2. Gallup Engagement Index. (2021). https://www.gallup.com/de/engagement-index-deutschland.aspx?thank-you-report-form=1. Zugegriffen am 16.05.2022.
3. Pfeiffer, S. (2022). auf. https://compliance-strategien.de/tone-from-the-top/. Zugegriffen am 10.04.2022.
4. o.V. (2021). Bei Audi arbeiten jetzt Audianier_innen, Frankfurter Allgemeine Zeitung: https://www.faz.net/aktuell/wirtschaft/audi-setzt-ab-sofort-auf-geschlechtergerechte-sprache-17223454.html. Zugegriffen am 10.04.2022.
5. Dämon, K. (2017). Bei Otto ist Kulturwandel mehr als nur duzen, Wirtschaftswoche. https://www.wiwo.de/erfolg/management/geheimprojekt-ursula-bei-otto-ist-kulturwandel-mehr-als-nur-duzen/20522708.html. Zugegriffen am 10.04.2022.
6. Salzer, E. (2011). *Quintessenz der Unternehmenskommunikation*. Springer.

Public Affairs 3

Public Affairs (PA) steuert als Teildisziplin der Unternehmenskommunikation die externen Beziehungen und Interessen eines Unternehmens zu politischen Entscheidungsträgern. Alle Aktivitäten von Verbänden und Unternehmen „im Vorhof von Politik und Bürokratie" ([1], S. 191) gehören zu Public Affairs. PA identifiziert, analysiert und adressiert an der Schnittstelle zwischen Politik, Gesellschaft, Legislative und auch Medien Akteure auf unterschiedlichen Ebenen, etwa in Parteien, Behörden und Ministerien. Das beginnt im lokalen Umfeld eines Unternehmens und reicht über die Landesebene und Berlin bis ins komplexe Geflecht der EU in Brüssel und darüber hinaus in andere internationale Organisationen. Public Affairs pflegt die „Umweltbeziehungen" eines Unternehmens und entwickelt sie zugunsten der Organisation.

Public Affairs sichert und fördert mit Hilfe von politischer Kommunikation den Handlungsspielraum eines Unternehmens und damit langfristig den Unternehmenserfolg. Ob Gesetzesinitiativen, Regulierungs- und Genehmigungsverfahren oder Gerichtsentscheidungen: Ziel der Arbeit von Public Affairs von Unternehmen ist es, mit Entscheidungsträgern aus Politik und Verwaltung in Kontakt zu treten, um Einfluss zu nehmen auf die regulatorischen Bestimmungen, denen ein Unternehmen unterworfen ist. Public Affairs ist eine Reaktion auf den Bedeutungszuwachs der Politik für die Unternehmen. Unternehmen reagieren auf ihre gewachsene Abhängigkeit von der Politik mittels Public Affairs ([2], S. 19 ff.). Die Arbeit von PA im Rahmen der Unternehmenskommunikation identifiziert erfolgskritische Themen, sucht potenzielle Verbündete und trägt dazu bei, ein günstiges Klima oder Meinungsumfeld zu gestalten.

Public Affairs hilft vor allem, unternehmerische Chancen zu erkennen und zu nutzen, aber auch, potenzielle Konflikte und Problemfelder im Umfeld eines

Unternehmens zu antizipieren und abzuwenden. PA ist deshalb so wichtig, weil Unternehmen die Chance haben, Einfluss zu nehmen, bevor Verordnungen und Gesetze in Kraft treten. Der Nutzen von Public Affairs entfaltet sich meist eher langfristig. Gleichwohl können die Instrumente von Public Affairs auch in aktuellen politischen Verfahren im Umfeld eines Unternehmens wirksam eingesetzt werden.

Das zentrale Betriebsmittel der PA-Arbeit ist die Information ([1], S. 203), dazu bietet es sich an, Stakeholder nach relevanten Kriterien zu clustern – etwa nach Nähe, Einfluss und Haltung gegenüber der eigenen Organisation.

Stakeholder
Der Stakeholder-Ansatz von Freeman hat breiten Niederschlag in der Managementliteratur gefunden. Stakeholder bzw. Anspruchsgruppen sind Gruppierungen, die von Entscheidungen des Unternehmens betroffen sind oder durch eigenes Handeln die Zielerreichung des Unternehmens beeinflussen können [3].

Die Anspruchsgruppen lassen sich nach ihren Bedürfnissen ansprechen, Unternehmen und ihre Wirtschaftsverbände können Akteuren in Politik oder Verwaltungen ihre Expertise anbieten, zum Beispiel im Prozess der Gesetzgebung. Public Affairs organisiert also einen Ideenaustausuch und sorgt dafür, dass die Stakeholder(gruppen) über Sachverhalte aus der Praxis informiert werden. Es findet keine einseitige Beeinflussung statt, sondern ein zielgerichteter Dialog mit politischen Institutionen und gesellschaftlichen Gruppierungen ([4], S. 12). Die Aufgabe von PA ist es, um Verständnis für die Interessen des Unternehmens zu werben – und auch um das Vertrauen der Öffentlichkeit.

Public Affairs ist auch im Austausch mit Gewerkschaften, Nichtregierungsorganisationen oder Kirchen. Denn all diese Organisationen haben zwar keine ökonomische Verbindung zum Unternehmen, aber wertebasierte, politische oder ideelle ([1], S. 189). Sie definieren mit ihren Ansprüchen und Erwartungen das Unternehmensumfeld entscheidend mit. Sie können den Handlungsspielraum von Unternehmen einengen, Konflikte herbeirufen, Boykotte initiieren oder schlicht öffentlichen Druck ausüben.

In politischen Parteien entstehen Positionen, in den Ministerien werden Verordnungen und Gesetze er- und überarbeitet. Es kann aber auch um Aufträge oder Fördermittel gehen. Novellierungen und Positionen werden auf Parteitagen oder in parlamentarischen und Fachausschüssen und diversen Arbeitskreisen debattiert. Die Themen werden mehrfach gelesen, erörtert, verhandelt und modifiziert. Während all dieser Prozessschritte haben Unternehmen mit Hilfe ihrer Public-Affairs-Experten Einflussmöglichkeiten auf politische Prozesse an unterschiedlichen Stellen.

3.1 Rahmenbedingungen gestalten: Im Idealfall Chefsache

Public Affairs sollte ein zentraler Bestandteil jeder Unternehmensstrategie und damit auch der Kommunikationsstrategie sein. In den USA und in der Folge auch in Großbritannien startete professionelle PA-Arbeit bereits in den 1950er- und 60er-Jahren, angeregt und unterstützt von der amerikanischen Regierung. In Deutschland hingegen hatte die Arbeit von Public Affairs lange Zeit keine zentrale Bedeutung, weil Unternehmenslenker in der „Deutschland AG" der 1980er- und 1990er-Jahre vieles im persönlichen Austausch regeln konnten. Die Welt erschien einfacher: „Um die Presse kümmerte sich der Pressechef, um das Recht der Syndikus, um die Politik [...] die Verbände." ([5], S. 807 f.) Diese Haltung hat sich in den zurückliegenden Jahren kontinuierlich verändert – und tut dies weiter. Die deutsche Einheit und der europäische Einigungsprozess im Laufe der 1990er gab PA dann auch in Deutschland einen Schub. Heute erkennen viele Entscheider längst den Nutzen von Public Affairs für den unternehmerischen Erfolg an. Mehr noch: Die Bedeutung von PA wächst, weil die Globalisierung, wie wir sie in den zurückliegenden Dekaden kannten, ins Stocken geraten ist. Politische Blockbildung und die Fragmentierung der internationalen Ordnung führen zu Handelshemmnissen. Unternehmen müssen Sicherheitspolitik stärker als bisher berücksichtigen und idealerweise die Kommunikationsexperten und ihre Perspektive in Strategiediskussionen einbeziehen.

Public Affairs hat als Teil der Unternehmenskommunikation Schnittstellen zu den anderen Teildisziplinen wie der externen und internen Kommunikation. Public Affairs und Public Relations verhalten sich zueinander wie der „Botschafter" (Public Affairs) zum „Regierungssprecher" (Media Relations) eines Unternehmens ([5], S. 799). Oder anders formuliert: PR befasst sich mit der Kommunikation mit allen Stakeholdern, PA dagegen ist für die inhalts- und prozessbezogene Beeinflussung des politischen Umfelds zuständig. ([1], S. 192). Organisatorisch ist Public Affairs (meist) Teil der Unternehmenskommunikation, oder sie ist als Stabsstelle direkt der Geschäftsführung zugeordnet. Im Idealfall ist Public Affairs immer Chefsache, die PA-Spezialisten im Unternehmen arbeiten bei ihrer kommunikativen Einflussnahme auf politische Entscheidungsprozesse eng abgestimmt mit der Unternehmensführung.

Um sie wirksam zu gestalten, ist Public Affairs als Querschnittsaufgabe zu betrachten, an der Juristen und Kommunikationsexperten eines Unternehmens genauso mitarbeiten wie zum Beispiel Volkswirte. Gute PA-Arbeit verlangt nach Experten für Wettbewerbsrecht, etwa wenn es um die Zustimmung der Kartellbehörden zu einer geplanten Fusion geht, oder für Vergaberichtlinien, wenn es darum geht, an öffentliche Großaufträge zu kommen. Public Affairs braucht vielfältige Kompetenzen, dazu gehören solides Fachwissen und genaue Branchenkenntnis genauso wie politisches Gespür und Kommunikationsfähigkeiten. Interdisziplinäre Zusammenarbeit ist dabei unerlässlich. Von der Größe des Unternehmens und/oder seiner Struktur und Branche kann es abhängen, ob innerhalb der Organisation alle Kompetenzen für Public Affairs aufgebaut werden können. Knowhow, das intern nicht vorhanden ist, kann sich ein Unternehmen auch von außen sichern. Dazu kann es sinnvoll sein, auf spezialisierte PR-Agenturen und Anwaltskanzleien zuzugehen, aber auch auf Unternehmensberater, die ihre Dienste für das Stakeholdermanagement eines Unternehmens anbieten.

Aufgabe von Public Affairs ist es, das politische Umfeld eines Unternehmens zu beobachten und Rahmenbedingungen mit zu beeinflussen, um sie mit den unternehmerischen Zielen in Einklang zu bringen. Das kann die argumentative Einflussnahme auf lokale politische Debatten betreffen, etwa beim Ausbau einer Autobahn, einer ICE-Trasse oder eines Flughafens, aber auch gesetzliche Rahmenbedingungen wie den Patentschutz bei Medikamenten. Klar ist, jede Änderung des legislativen-regulativen Rahmens, jeder grundlegende Schwenk in der politischen Willensbildung kann direkte oder indirekte Auswirkungen auf ein Unternehmen und seinen Handlungsspielraum haben.

Beispiele für öffentlichen Protest
Öffentlichkeitswirksame Beispiele waren zuletzt etwa der Bau der Tesla-Fabrik in Brandenburg, hier besonders die Auseinandersetzungen um Waldrodungen und Grundwasser; ähnliche Konfliktfelder beim Braunkohleabbau im Hambacher Forst, Nordrhein-Westfalen, oder beim Ausbau der A49 in Nordhessen, wo nicht ein Unternehmen, sondern Bundes- und Landesregierung als Akteure auftreten, ähnlich beim Verkehrsprojekt „Stuttgart 21".

3.2 Zielgruppen: Die politische Arena im Blick

Public Affairs richtet sich an alle Gremien und maßgebliche Akteure in Regierung, Verwaltung, Behörden, Parteien und Interessengruppen. PA baut zu diesen Gruppen eine belastbare Beziehung auf und tritt regelmäßig mit ihnen in Kontakt. An wichtigen Schaltstellen bietet Public Affairs eine Beratung der politischen Akteure an. Um das effektiv tun zu können, beschreibt PA kontinuierlich und weitsichtig alle relevanten Themen und das komplette politische und gesellschaftliche Umfeld eines Unternehmens gegenüber dem Management. Public Affairs benötigt also

3.2 Zielgruppen: Die politische Arena im Blick

eine genaue Kenntnis der politischen Landschaft, in der sich die eigene Organisation bewegt, aber auch ein seismisches Gespür für Veränderungen: Wer sind die wichtigsten Akteure auf dem politischen Spielfeld, wer entwickelt sich in der zweiten Reihe, welche gesellschaftspolitischen Strömungen sind besonders relevant, wer nimmt welche Haltung und Rolle ein, welche Allianzen bilden sich zwischen unterschiedlichen Gruppen heraus?

Public Affairs richtet sich an unterschiedliche Zielgruppen und Stakeholder, wobei hier die Zielgruppen nicht immer Stakeholder sein müssen, aber trotzdem für den Erfolg der PA-Arbeit eines Unternehmens wichtig sein können. Die politischen Stakeholder sitzen in Berlin und zunehmend in Brüssel, denn die Harmonisierung innerhalb der EU verlagert immer mehr Prozesse auf die europäische Ebene [6]. Unternehmen definieren für Ihre PA-Arbeit zunächst klar ihre Zielgruppe, um ihre Ressourcen gezielt einzusetzen. Dennoch kann es außerhalb dieser Zielgruppe Stakeholder geben, die einen Anspruch an das Unternehmen formulieren. Die darf Public Affairs nicht nur nicht vernachlässigen, sondern muss nach sorgfältiger Analyse seine Ressourcen aktiv auf neue Spieler im System ausrichten. So hat die Chemieindustrie bis in die 1990er praktisch nicht mit Umweltverbänden wie Greenpeace gesprochen. Greenpeace war keine Zielgruppe der Public Affairs, war aber in der Lage, eigene Ansprüche lautstark und öffentlichkeitswirksam zu vertreten.

Public Affairs, obwohl primär nach außen gerichtet, wirkt auch nach innen. Geschäftsführung und Interne Kommunikation müssen die eigenen Mitarbeiter informieren, damit sie politische Ziele nach außen mittragen können. So kann über die Belegschaft bereits vor Ort im Wahlkreis Druck auf die Politik entstehen, zum Beispiel auf den örtlichen Wahlkreisabgeordneten, der ein für das Unternehmen relevantes Thema nach Berlin mitnimmt, oder auf den Landrat, der imstande ist, politische Mehrheiten im Kreis zu bilden, die wiederum Bundestagsabgeordnete beeinflussen können. Es kann darüber hinaus auch strategisch klug sein, Mitarbeiter als Multiplikatoren oder Testimonials einzusetzen. Ein Beispiel ist die Kampagne „Ja zu FRA" des Frankfurter Flughafens. Für einen politisch gemeinten Claim hat das Unternehmen Fraport interne und externe Testimonials eingebunden und dafür gesorgt, dass sich viele Menschen in der Region mit dem Flughafen identifizieren – ganz im Sinne des Vorstands. Die Kampagne hat es Menschen aus der ganzen Region und damit auch vielen Beschäftigten des Unternehmens ermöglicht, sich klar zu positionieren und zu zeigen, auf welcher Seite sie stehen, nämlich auf der Seite des Unternehmens als Jobmotor für die Region.

Pro-aktiv, faktenreich und gegen den Wind des wahrgenommenen Meinungsklimas

Michael Brandl, Managing Director, EXTR:ACT e.V.

In Zeiten dünner Personaldecken in Redaktionen oder in den Büros der politischen Entscheider wird der Grundsatz der gründlichen und faktenbasierten Recherche leider zunehmend durch plakative, meist emotional gesteuerte Schnellschüsse ersetzt. Ein Beispiel dafür ist die europäische SUP-Directive, die Richtlinie über Verbote bzw. Beschränkungen für bestimmte Kunststoffprodukte aufgrund derer möglicher negativer Umweltwirkungen. Zwar ist die Förderung des verantwortungsvollen Umgangs mit möglicherweise umweltbelastenden Materialien zu begrüßen, aber in diesem Fall sei die Frage erlaubt, ob hier der Zweck auch wirklich die Mittel rechtfertigt.

Anstatt sich grundsätzlich und fachkompetent mit der Problematik der Umweltverschmutzung durch Kunststoffabfälle auseinanderzusetzen, sprang die EU- Politik auf den Zug der emotionalen Kampagnen interessierter Kreise auf und wollte zeigen, dass Brüssel auch „schnell kann". Zudem stand die Wahl zum Europaparlament an und bei den Bürgern machte sich eine Art EU-Lethargie breit. Ergebnis: binnen kürzester Zeit wurde ohne echte Einbeziehung von Fachleuten eine Regelung zusammengezimmert, die weder das eigentliche Problem anpackt noch dem Klima aus gesamtökologischer Sicht wirklich hilft.

Grundsätze politischer Einflussnahme wie Verhältnismäßigkeit, Geeignetheit, Erforderlichkeit, Angemessenheit usw. wurden bei der SUP-Directive komplett vernachlässigt. Angesprochen auf diese Defizite bekannte ein ranghoher EU-Politiker, dass fachliche Unzulänglichkeiten in Kauf genommen wurden, aber man doch wegen der aufgeheizten öffentlichen Stimmung schnell liefern musste. Und dass es auch künftig sicherlich noch mehr solcher Schnellschüsse geben werde, denn man hätte durchaus den Eindruck gewinnen können, dass die Kunststoffindustrie gedacht hat, sie könne ihre Zurückhaltung beim Recycling auch in den nächsten 20 Jahren praktizieren. Soweit zu den von

Kommunikationsexperten, Unternehmen und der Branche erhofften verlässlichen Rahmenbedingungen der Politik.

Wäre dieses SUP-Szenario zu verhindern gewesen? Aufgrund der hohen Emotionalität leider nicht. Aber die Ausprägung dieser Regelung könnte eine ganz andere sein. Wenn den Entscheidern etwa bereits im Vorfeld viel mehr Fakten bekannt gewesen wären und wenn die Industrie selbst das Thema frühzeitig besetzt hätte. Das passiert nun aktuell mit dem Ziel der Schadensbegrenzung und der Vermeidung einer weiteren Eskalation.

Ein anderes Beispiel für eine nachhaltige herausfordernde Public Affairs-Arbeit sind Getränkekartons. Aufgrund ihrer Komplexität werden diese Verpackungen oftmals als nicht gut recycelbar und damit als ökologisch nicht besonders wertvoll eingeschätzt. Nachgewiesenermaßen und durch unabhängige Studien belegt, ist aber genau das Gegenteil der Fall. Dieses Faktum stößt in einigen interessierten Kreisen (v. a. bei Herstellern alternativer Behälter und deren verkappten Unterstützern) sauer auf. Emotional gesteuerte Angriffe sind die Folge, die vor allem bei der jungen Generation auf fruchtbaren Boden fallen.

Dennoch hat die deutsche Bundesregierung die Einführung einer eigenen (durchaus ambitionierten) Recyclingquote für das Segment Getränkekartons beschlossen, um damit diese Art der Verpackung zu fördern und zu fordern. Das kann als Ergebnis von über viele Jahre hinweg dauernder Bemühungen der Branche angesehen werden, die die Entscheider immer und immer wieder von diesem Schritt zu überzeugen versucht hat.

Wer allerdings jetzt glaubt, dass der zugehörige Verband sein Ziel erreicht hat und nun „zum gemütlichen Teil" der Veranstaltung übergehen könnte, liegt falsch. Zum einen wachsen immer wieder neue Skeptiker nach; zum anderen ist mit diesem selbst auferlegten hohen gesellschaftlichen und umweltpolitischen Anspruch auch eine hohe Erwartungshaltung (i. S. v. „das geht doch noch besser") verbunden. Bekanntlich sind ja die letzten Meter vor dem Ziel immer die schwierigsten. Klar ist auch, dass es in diesem Umfeld niemals ein Ende der Anforderungen geben wird – nicht zuletzt getrieben vom Wettbewerb der Markenartikler, des Handels und der Verpackungsbranche selbst.

Am grundsätzlichen Ziel der PA-Arbeit hat sich in dieser Branche wenig verändert. Das Ranking der Kriterien, die Intensität der Auseinandersetzungen und die Auswahl der Werkzeuge jedoch sehr wohl. Nur wer wachsam, vorausschauend und gleichzeitig nachhaltig, aber auch eigenverantwortlich und initiativ agiert, wird auf Dauer dem Gegenwind der Kritiker standhalten können. Genau dies ist die Erwartungshaltung, wenn ein Unternehmen Public Affairs betreibt: gute Handwerker mit hoher Fachkompetenz, und ausgeprägter Erfahrung im Umgang mit besonderen und sehr unterschiedlichen Situationen, die dafür sorgen, dass gute und nachhaltige Rahmenbedingungen für eine prosperierende Entwicklung des Unternehmens beziehungsweise der gesamten Branche geschaffen werden.

Um den Kreis zur eingangs kritisierten SUP-Directive zu schließen: Was wäre eine vernünftige Alternative gewesen? Die konsequente Anwendung des Verursacherprinzips: Derjenige, der Verpackungen oder Materialen unsachgemäß und unerlaubt entsorgt, müsste drastisch betraft werden. Ohne die abschreckende Wirkung gesetzlicher Regelungen wird eine Blinddarmentzündung mit Schmerztabletten behandelt – also am falschen Ende therapiert. ◄

3.3 Lobbying: Gratwanderung entlang der Richtlinien

Mit Lobbying ist die Beeinflussung von politischen Entscheidungen und Behörden oder Parlamenten durch Personen zu verstehen, die nicht direkt an der Entscheidung mitarbeiten. Das ist eine Chance, die Unternehmen aktiv für sich nutzen sollten. Interessenvertretung ist legitim und erwünscht. Aber sie muss Regeln folgen. Dazu gehört etwa der eigenständige Verhaltenskodex, den sich die Deutsche Gesellschaft für Politikberatung e.V. (de'ge'pol) gegeben hat. Berufstätige aus den Bereichen Public Affairs, Politikfeldberatung und Kampagnenberatung wollen damit gegenüber der Öffentlichkeit und Auftraggebern aus Politik, Wirtschaft und Zivilgesellschaft ein „klares Zeichen der Transparenz" setzen [7]. So soll Unterstellungen begegnet werden, dass es bei politischer Interessenvermittlung und Beratung mitunter um illegitime Machenschaften in Hinterzimmern handle. Tatsächlich sind politische Akteure jedoch darauf angewiesen, dass sich Interessensvertreter an sie wenden.

Lobbying als ein Instrument von Public Affairs arbeitet transparent und entlang der geltenden Richtlinien und Standards. Lobbying ist ein systematischer (Kommunikations-)Prozess, um Anliegen und Interessen von Unternehmen im politischen Umfeld zu vertreten. Es geht darum, politische Entscheidungen inhaltlich abzuändern oder auch darum, sie zu verzögern oder zu verhindern. Noch allgemeiner lässt sich sagen: Es geht darum, ein Thema überhaupt auf die politische Agenda zu bringen oder es aus der Debatte herauszuhalten.

Im Blick stehen hier Entscheidungen wie zum Beispiel eine geplante Besteuerung, die eine ganze Branche treffen, oder um Auflagen, Genehmigungen, Ausnahmeregelungen und anderes, die ein einzelnes Unternehmen betreffen. Laut politikwissenschaftlichen Erkenntnissen werden etwa 80 Prozent der Gesetzes- oder Entscheidungsentwürfe im Laufe ihres Entstehungsprozesses von Lobbyisten beeinflusst ([1], S. 201).

3.3 Lobbying: Gratwanderung entlang der Richtlinien

Der Kern der Arbeit ist das persönliche Gespräch, selbst wenn digitale Informationsbeschaffung und Austausch durch soziale Medien für die alltägliche Arbeit längst unerlässlich geworden sind.

Lobbying wird als vertrauliches Gespräch zwischen dem Public-Affairs-Spezialisten eines Unternehmens und beispielsweise einem Politiker verstanden. Unternehmen bedienen sich eines Lobbyisten als Vermittler zwischen ihren Anliegen und der Politik. Neben dem unmittelbaren Kontakt zu den Entscheidungsträgern kann sich PA-Arbeit auch auf den Austausch mit Meinungsführern in der politischen Arena verlegen. Diese geben in ihren eigenen Einflusssphären ihre Informationen und Positionen weiter und nehmen indirekt Einfluss auf den politischen Prozess. Solche Meinungsführer im Umfeld eines Entscheiders können zum Beispiel Wissenschaftler oder Journalisten sein, weil sie unternehmerische Perspektiven mit ihren Mitteln bewerten. So kann PA-Arbeit dazu beitragen, dass neue, fürs Unternehmen vorteilhafte Perspektiven in die Entscheidungsprozesse einfließen. Sie kann sich auch mit ihren Zielen an Dritte richten, die den maßgeblichen Entscheidern in der Politik nahestehen. Dazu können Verbandsexperten gehören, in der Annahme, dass sie vom politischen Entscheider konsultiert werden.

Ein häufiges Verfahren beim Lobbying ist der Aufbau von Interessenskoalitionen. Lobbyisten suchen sich mehrere taktische Partner bei Verbänden, politischen Organisationen oder auch NGOs. Dabei muss für eine solche Koalition keine grundsätzliche Übereinstimmung in der Zielformulierung vorliegen, es reicht, wenn das Ziel bei bestimmten Fragen übereinstimmt.

Von Unternehmen wenig genutzt wird das sogenannte „Grassroots-Lobbying". Diese typischerweise von NGOs oder Bürgerinitiativen verwandte Methode mobilisiert Personen, die einem Unternehmen nahestehen, also Angestellte, Anwohner oder auch Kunden. Organisiert werden Protestkundgebungen, Massenbriefe oder Unterschriftenlisten zu einem Thema.

Solides Lobbying hilft dem Unternehmen, immer auf der politisch korrekten Seite zu bleiben. Die Geschäftsführung und die PA-Experten sollten darauf achten, dass das Unternehmen nicht in den Verdacht gerät, illegale Einflussnahme versucht zu haben, um seine Interessen durchzusetzen. Idealerweise wird es ein Unternehmen mit professionell gestalteter Lobbyarbeit, die alle Richtlinien korrekt einhält, vermeiden können, jemals in die Nähe eines Lobbyskandals gerückt zu werden. Integres Lobbying schützt also auf besondere Weise die Reputation eines Unternehmens. Erfolgreiches Lobbying lässt sich als „Win-win-Situation" beschreiben, weil das Unternehmensinteresse ebenso zum Zug kommt wie die Interessen und Bedürfnisse der Entscheidungsträger.

Wer für ein Unternehmen die Aufgabe von Public Affairs übernimmt, hängt in der Regel von der Größe des Unternehmens ab und in welcher Branche der Betrieb angesiedelt ist. Vor allem für die vielen Firmen des klassischen Mittelstands in Deutschland läuft die meiste PA-Arbeit über Branchen- und Berufsverbände. Deren Arbeit wird wiederum stark von den Interessen der großen Vertreter einer Branche beeinflusst, das heißt, die kleineren Unternehmen können von der Public-Affairs-Arbeit der Großen ihrer jeweiligen Branche profitieren. Wenn sich zum Beispiel der Verband der Deutschen Automobilindustrie, der Interessen der Hersteller und Zulieferer vertritt, für eine „Abwrackprämie" einsetzt (wie nach der Finanzkrise 2008), um den Kauf neuer Autos zu fördern, profitiert das gesamte „Ökosystem Automobilbranche" durch höhere Neuzulassungen.

Die Arbeit von Public Affairs richtet sich auch danach, in welchem Grad die jeweilige Branche reguliert ist. Je stärker politische Regulierung Unternehmen und Märkte bestimmt, desto erfolgskritischer ist professionelle PA. Traditionell sind einige Branchen bzw. Wirtschaftszweige stärker reguliert als andere, zum Beispiel die Tabak-, die Chemie-, die Energie- oder auch die Finanzbranche. Bei anderen ist die zunehmende Regulierung erst eine Entwicklung der jüngeren Zeit. Beispiele: das Lebensmittelrecht in der Nahrungsmittelindustrie nach Lebensmittelskandalen, oder die Immobilienbranche, die unter anderem mit der Diskussion um den Mietendeckel im Mittelpunkt ganz unterschiedlicher und strittiger öffentlicher Interessen steht.

3.3 Lobbying: Gratwanderung entlang der Richtlinien

Politische Kommunikation aktiv gestalten

Maximilian van Ackeren, Leiter Mittelstand und Technische Regulierung, Verband der deutschen Rauchtabakindustrie e.V.

Politische Interessenvertretung ist heute wichtiger als je zuvor: Der auf Rekordmaß aufgeblähte Bundestag mit 736 Abgeordneten und eine Europäische Kommission, die sich mehr und mehr als europäische Regierung versteht, bringen deutlich mehr Gesetze und Regulierungen hervor. Die Folge für die Wirtschaft ist dabei fast immer mehr Bürokratie. Die Zahl an Reportingpflichten und immer neuen Auflagen bringen insbesondere mittelständische Unternehmen zunehmend an den Rand der Belastungsfähigkeit.

Die Einflusssphären haben sich dabei drastisch verändert. Wurde der Politik in der Vergangenheit – hier und da wohl auch zurecht – eine zu große Nähe zur Wirtschaft vorgeworfen, hat sich das Blatt um 180 Grad gewendet. Wirtschaft wird nicht mehr als Grundlage unseres Wohlstandes verstanden und politisch kommuniziert, sondern zunehmend als Problem für die vielen gesellschafts- sozial- und umweltpolitischen Ziele, die sich die Politik setzt. Getrieben durch eine Vielzahl an sogenannten NGOs, die sich selber als Wächter einer besseren Welt verkaufen, lässt sich die Politik parteiübergreifend zu immer neuen Vorschriften verleiten. Eine Einzelmaßnahme ist dabei stets gut begründbar und stellt allein auch keine existenzielle Gefahr für die betroffenen Wirtschaftszweige dar. Allein die schiere Masse der Regulierungen und die immer kürzere Gültigkeit neuer Vorschriften belasten die Wirtschaft nachhaltig.

Schon seit einiger Zeit ist es in Brüssel üblich, dass bei Gesprächen von Wirtschaftsvertretern mit EU-Behörden NGOs mit am Tisch sitzen. Diese nehmen dabei nicht nur eine Gegenposition zu den vorgetragenen Wirtschaftsinteressen ein, sondern gerieren sich als Wächter eines vermeintlich öffentlichen Interesses. Seit neuestem wird diese Praxis auch in Berlin vollzogen. So saßen jüngst bei einem Gespräch eines großen Verbandes der Lebensmittelindustrie mit der neuen Hausspitze des Landwirtschaftsministeriums unangekündigt auch Vertreter einer NGO mit am Tisch, um den Ministerialbeamten mitzuteilen, was sie von den Aussagen der Industrievertreter zu halten haben.

Was ergibt sich nun aus diesen Entwicklungen? Teile der Wirtschaft versuchen, die NGOs und ihre Ziele zu umarmen und so auf die Gewinnerseite zu kommen. Der Erfolg solcher Bestrebungen hält sich in Grenzen. Bis auf ein paar Fotos von CEOs mit beliebigen Aktivisten kommt selten etwas Substanzielles dabei heraus. Geschwindigkeit und Wucht neuer Regulierungen lassen sich dadurch nicht bremsen.

Um aus der argumentativen Defensive zu kommen, muss die Wirtschaft wieder deutlich machen, welcher Stellenwert ihr für den Wohlstand unseres Landes und damit auch für die Erfüllung von Sozial- und Umweltstandards zukommt. Dies gelingt allerdings nur dann, wenn politische Kommunikation besser verstanden und proaktiv betrieben wird. Oft werden Verbände und Wirtschaftsvertreter erst dann aktiv, wenn sich eine unliebsame Regulierung bereits im Gesetzgebungsprozess befindet. Zu diesem Zeitpunkt lässt sich meist nichts Wesentliches mehr erreichen. Politisches Engagement muss daher durchgängig und auf allen Ebenen stattfinden.

Gerade mittelständische Unternehmen können hier ihre Stärken ausspielen: Häufig wird unterschätzt, welchen Einfluss lokale Stakeholder auf politische Prozesse haben. Die örtlichen Abgeordneten des Bundestages sind in der Regel sehr gut ansprechbar und offen für direkten Kontakt, etwa im Rahmen einer Betriebsbesichtigung. Dabei muss es nicht einmal um eine konkrete Regulierung gehen. Der Besuch im Wahlkreis holt einen Abgeordneten aus der „Berliner Blase" hinaus. Hat er einen Betrieb persönlich kennengelernt, kann er sich später aktiv für dessen Belange einsetzen.

Gleiches gilt für die Abgeordneten des Europäischen Parlamentes und der Landtage. Auch die kommunale politische Ebene kann hilfreich sein: Ein Landrat beispielsweise hat auf die Landespolitik mehr Einfluss, als meist angenommen. Er bekommt in der Landeshauptstadt problemlos persönliche Termine bei Landesministern und sogar beim Ministerpräsidenten. Ein Mittelständler mit beispielsweise 200 Mitarbeitern ist möglicherweise in seiner Region einer der großen Arbeitgeber, spielt aber für die Bundespolitik keine große Rolle. Dem Landrat aber (wie auch den Landtagsabgeordneten und dem örtlichen IHK-Präsidenten) ist das Unternehmen wichtig genug, um politischen Druck bis nach Berlin zu tragen.

Es benötigt keiner großen Abteilungen für politische Kommunikation, um die Interessen eines Unternehmens hörbar zu machen. Eine strategische Analyse der politischen Stakeholder im Umfeld des Unternehmens und die systematische Kontaktpflege genügen in der Regel, um im Ernstfall schnelle Hilfe zu erhalten. Für die Ausformulierung politischer Botschaften stehen eine Vielzahl größerer und kleinerer Verbände zur Verfügung, welche häufig für einen überschaubaren Mitgliedsbeitrag sehr engagiert Hilfe leisten. ◄

3.4 Lobbyregister: Transparenz schafft Glaubwürdigkeit

Der Grad der Regulierung ist einer der Faktoren, die die PA-Arbeit im Laufe der vergangenen Jahre maßgeblich verändert haben. Gleichzeitig ist Public Affairs selbst, zumindest im Umfeld des Bundestages, vermehrt Regeln unterworfen. Obwohl es keine Politik gibt, die frei von Interessen ist, steht die Öffentlichkeit der – grundsätzlich legitimen – Beeinflussung von Politik durch Unternehmen kritisch gegenüber. Umgangssprachliche, negativ gebrauchte Wendungen wie der Begriff „die Pharma-Lobby" spiegeln das häufig grundsätzliche öffentliche Misstrauen gegenüber dem Lobbying als einem Instrument von Public Affairs.

Das ist vor allem in Deutschland immer noch ein Thema – in angloamerikanischen Ländern wurde Lobbying bereits in den 1960ern als legitimes Instrument gesehen ([1], S. 190).

In der öffentlichen Wahrnehmung wird der informelle Charakter der oftmals persönlichen Gespräche beim Lobbying als intransparent kritisiert. Diese Grundstimmung kann dann zum Problem werden, wenn beide Seiten tatsächlich nicht transparent entlang geltender Regeln arbeiten. Mangelnde Glaubwürdigkeit gefährdet den gesamten Prozess und damit die wirtschaftlichen Ziele der beteiligten Unternehmen. Beide Seiten, die Unternehmen und die Politiker, sind auf verlässliche Professionalität angewiesen. Deshalb ist es folgerichtig, dass sich im März 2021 nach langen politischen Debatten die schwarz-rote Koalition im Bundestag auf das sogenannte Lobbyregister geeinigt hat.

Auf diese Besonderheit für die PA-Arbeit rund um den Bundestag müssen sich Unternehmen einstellen: Das Lobbyregister ist ein Transparenzregister, das frei zugänglich auflistet, welche professionellen Interessenvertreter, zum Beispiel einer bestimmten Branche, sich mit welchen Politikern treffen. Unternehmensvertretern muss also bewusst sein, dass ihre Treffen dokumentiert werden.

Lobbyregister
Das Lobbyregister wird in elektronischer Form beim Deutschen Bundestag geführt. Es steht seit Januar 2022 auf der Internetseite lobbyregister.bundestag.de zur Verfügung.
Die Debatte um das Lobbyregister wird bereits seit vielen Jahren geführt. Fahrt nahm sie auf, als die Affäre um den CDU-Abgeordneten Philipp Amthor im Sommer 2020 in die Öffentlichkeit kam. Dieser war für das US-Unternehmen „Augustus Intelligence" als Lobbyist aufgetreten und hatte im Gegenzug Aktionoptionen für das Unternehmen erhalten.

Transparency International und der Opposition im Bundestag ist das neue Lobbyregister nicht streng genug. Sie fordern unter anderem einen „exekutiven Fußabdruck". Dieser Fußabdruck sollte die Bundesregierung verpflichten, offenzulegen, wer konkret wie an einem Gesetzestext mitgewirkt hat.

3.5 Studien und andere Instrumente: Grundlagen für Debatten

Politische Arenen verändern sich nicht nur als Folge von Wahlen. PA-Arbeit richtet sich an ein dynamisches Geflecht von Ziel- und Anspruchsgruppen. Deshalb muss PA alle Gruppen, die ein Interesse an einem bestimmten Prozess haben, einem regelmäßigen Monitoring unterziehen. Alle relevanten Informationen werden gesammelt, gewertet und zu einem detaillierten Lagebild verdichtet. Besonders dann findet diese Stakeholderanalyse statt, wenn die Geschäftsführung vor einer konkreten politischen Herausforderung steht, der sie mit einem möglichen Lobbying begegnet. Die politische Kommunikation eines Unternehmens geht von einem Lagebild aus, das fortlaufend aktualisiert wird. Wo sind die Kritiker eines Projekts, was genau sind ihre Zielsetzungen, mit wem sind sie vernetzt, wen beeinflussen sie? Was denken die Medien oder einzelne einflussreiche Journalisten? Kann es positiv für den Prozess sein, das Thema in bestimmten Medien zu platzieren? Was denkt der Gesetzgeber, was die Bevölkerung will? Wie lässt sich das Meinungsklima verändern? Wer lässt sich als Multiplikator für die eigene, für das Unternehmen vorteilhafte Sichtweise nutzen?

Wichtig ist der iterative Prozess der Analyse. Fortlaufend prüfen die PA-Experten eines Unternehmens, wie sich das Meinungsbild verändert und wie die nächsten Schritte sowie Positions- und Argumentationspapiere angepasst werden müssen. PA und im besonderen Fall der Lobbyist muss umfassend informiert sein, so sollten Sachkenntnis und Handlungsspielraum des politischen Gegenübers bekannt sein.

Ein weiteres klassisches Instrument, das häufig für PA-Arbeit genutzt wird, ist die (wissenschaftliche) Studie. Sie wird in Auftrag gegeben, um objektive Fakten in den politischen Prozess, zum Beispiel eine Gesetzesinitiative, einzubringen, statt nur ein Statement zur Initiative abzugeben. Daten, Zahlen, Fakten sollen sprechen, eine objektive Grundlage geschaffen werden. So werden etwa Umfragen genutzt, um ein Stimmungsbild in einer politisch relevanten Gruppe zu erheben. Die daraus gewonnenen Daten unterstützen die PA-Arbeit, Ressourcen effizient vor allem dort einzusetzen, wo das Unternehmen den wichtigsten Hebel zur Stärkung seiner eigenen Positionen sieht.

Public Affairs sollte streng auf seine Rolle und Glaubwürdigkeit achten. Das hat auch mit den Erwartungen von Politik, Gesellschaft und Mitarbeitern zu tun, die davon ausgehen, dass Unternehmen sich nicht allein der Mehrung ihres Profits widmen, sondern dass sie sich gesellschaftlich engagieren. Die Rolle als „good corporate citizen" hat auf lokaler wie auch auf nationaler Ebene an Bedeutung gewonnen. Die Palette der Möglichkeiten ist für Unternehmen breit, wenn es um konkrete Maßnahmen geht. So kann ein Unternehmen zum Beispiel Jugend- und Bildungsarbeit finanziell unterstützen, etwa über Sponsoring, um selbst als geschätzter Akteur im lokalen Umfeld wahrgenommen zu werden. Die verständliche Ratio: Nur wer jederzeit im Gespräch mit seiner Umgebung ist, kann auf der Basis etablierter Beziehungen wirksam kommunizieren.

3.6 Dialog anbieten: Umarme deine Gegner

Erfolgreiche PA-Arbeit initiiert den persönlichen Austausch zwischen Unternehmen und Interessengruppen. Früher existierten eher Freund/Feind-Kategorien und Unternehmen sind auf Abstand zu Umweltgruppen gegangen. Jetzt werden etwa Repräsentanten von Fridays for Future eingeladen, mit thyssenkrupp über Wasserstoff in der Stahlproduktion zu diskutieren. Unternehmen gehen damit ausdrücklich in einen konstruktiven Dialog, nehmen Anregungen und Kritik auf und sorgen selbstverständlich auch dafür, dass sich dieser Dialog auf den eigenen Kommunikationskanälen wiederfindet.

Es ist wichtig für Unternehmen, in die politische Arbeit zu investieren, denn die Öffentlichkeit wird tendenziell immer kritischer. Die Gesellschaft akzeptiert es nicht mehr, dass offen geäußerte und begründete Kritik von Unternehmen ignoriert wird. Eine solche Haltung würde überheblich wirken, die Gesellschaft verlangt Teilhabe und die Menschen wollen mit ihren Fragen und Bedenken ernst genommen werden. Deshalb ist der Dialog oder zumindest das Angebot eines Dialogs mit Interessensgruppen unabdingbar. Doch sollte ein solcher Dialog nicht als vom Unternehmen inszeniert wirken, er muss authentisch sein. Auch dazu braucht es etablierte Kommunikationsbeziehungen, über die PA und PR mit unterschiedlichen Motiven zurückgreifen werden. Ein Beispiel: Einer Demonstration der Kassenärztlichen Bundesvereinigung (KBV) gegen Einsparungen im Gesundheitssystem wurde einst durch die BILD-Zeitung vorgeworfen, dass für gute Bilder und PR nicht Ärzte, sondern Komparsen auf die Straße gegangen seien. Der Verband sah sich genötigt, mit einer Presseerklärung dagegenzuhalten [8]. Hier geht es nicht darum, über wahr oder unwahr zu befinden, sondern darum, den schmalen Grat zu beleuchten, auf dem Kommunikation eines Unternehmens oder einer Organisation stattfinden kann. Direkte politische Arbeit und medial vermittelte PR haben unterschiedliche Funktionen. Public Affairs kann kein Interesse daran haben, als PR missverstanden zu werden, weil sonst die Reputation des Unternehmens in der Öffentlichkeit nachhaltig beschädigt wird.

Misserfolg ist also klar erkennbar. Aber wie lässt sich der Erfolg von Public Affairs messen? Das ist nicht trivial. Wenn ein vom Anwalt formulierter Textabschnitt Eingang findet in einen Gesetzentwurf, dann ist viel erreicht. Oder wenn der Ausstieg vom Ausstieg aus der Kernenergie erfolgt, auch dann, wenn das Seebeben vor Fukushima später alle Entscheidungen revidiert.

Literatur

1. Köppl, P. (2008). Lobbying und Public Affairs. In M. Meckel & B. F. Schmid (Hrsg.), *Unternehmenskommunikation: Kommunikationsmanagement aus Sicht der Unternehmensführung*. Gabler.
2. Loer, K., & Töller, A. (2019). Interessenvertretung und politisches System in Deutschland im Wandel. https://www.bpb.de/themen/wirtschaft/lobbyismus/275972/interessenvertretung-und-politisches-system-in-deutschland-im-wandel/. Zugegriffen am 19.03.2022.
3. Freeman, R. E. (1984). *Strategic management. A stakeholder approach*. Marshfield.
4. Bender, G., & Reulecke, L. (2003). *Handbuch des deutschen Lobbyisten. Wie ein modernes und transparentes Politikmanagement funktioniert* (S. 12). FAZ-Institut.
5. Althaus, M. (2007). *Public Affairs und Lobbying*. Betriebswirtschaftlicher Verlag Dr. Th. Gabler I GWV Fachverlage GmbH.
6. Zu den besonderen Bedingungen der Public Affairs in Brüssel vgl. Plehwe, D. (2019). *Wandel der Lobbyarbeit in der Europäischen Union*. Bundeszentrale für politische Bildung.
7. https://www.degepol.de/ethik-t. Zugegriffen am 15.06.2022.
8. KBV-Pressemitteilung vom 16.12.2006: Bericht der BILD ist von hinten bis vorne falsch. https://www.presseportal.de/pm/34021/916076. Zugegriffen am 15.06.2022.

Investor Relations

4

Eine wichtige Teildisziplin der Unternehmenskommunikation ist die Finanzkommunikation.

Ursprünglich aus dem Aktionärs- und Gläubigerschutz entstanden, bezeichnen Investor Relations oder Finanzkommunikation die strategisch geplante und zielgerichtete Gestaltung der Kommunikationsbeziehung zwischen einem (börsennotierten) Unternehmen und den Stakeholdern in der Financial Community. Das sind Anleger und Analysten ebenso wie Wirtschafts- und Finanzmedien ([1], S. 263). Dies schließt sowohl die Erstkommunikation rund um einen Börsengang als auch die laufende Kommunikation mit Investoren und Interessierten ein. Investor Relations begleiten kommunikativ die Bereitstellung finanzieller Mittel durch Kapitalgeber und unterstützen den Erfolg finanzieller Transaktionen [2].

Ziel der Investor Relations ist es, auf Basis gezielter Kommunikation ein möglichst transparentes Bild des Unternehmens zu zeichnen: Strategie, Perspektive, finanzielle Kennzahlen und Leistungsfähigkeit. Dieses Bild ist Grundlage für die Reputation und beeinflusst daraus resultierend Investitionsentscheidungen bei Anlegern und Finanzinstitutionen positiv durch eine schlüssige Equity Story.

Equity Story
Eine Equity Story ist ein Argumentationskonzept zur Einwerbung von Eigenkapital, das für die Börsennotierung (Going Public) oder zum Erhalt von Private Equity genutzt werden kann. Die Equity Story enthält eine präzise Begründung, warum dem Unternehmen Eigenkapital zur Verfügung gestellt werden sollte und wird von Emittent und konsortialführender Bank gemeinsam erarbeitet. Sie erläutert das Geschäftsmodell, unternehmensspezifische Kernkompetenzen, das Unternehmenswachstum, die Bewertung des Unternehmens sowie das wirtschaftliche Umfeld. Durch die Equity Story soll ein hoher Emissionspreis erlöst und Eigenkapital eingeworben werden. Potenzielle Investoren sollen auf Basis der Equity Story eine positive Entwicklung der Aktie erwarten [3].

Im Zentrum steht eine faire, an der tatsächlichen Leistung des Unternehmens orientierte Bewertung auf Basis von relevanten Informationen. Diese müssen allen Marktteilnehmern möglichst zum gleichen Zeitpunkt zugänglich sein, um Informationsasymmetrien und damit verbundene Insidervorteile zu verhindern. Abhängig vom Informationsstand bestehen bei den verschiedenen Kapitalmarktteilnehmern unterschiedliche Erwartungen an die Rendite eines Unternehmens. Durch aktive Investor-Relations-Arbeit sollen die Informationsstände der Investoren angeglichen werden.

4.1 Publizitätspflicht: Der Gesetzgeber greift durch

Eine Besonderheit der Investor Relations im Vergleich zu den anderen Teildisziplinen der Unternehmenskommunikation ist die starke Regulierung durch den Gesetzgeber. Für börsennotierte Unternehmen gelten die im deutschen Wertpapierhandelsgesetz (WpHG) und seit Juli 2016 in der europäischen Marktmissbrauchsverordnung (MMVO) geregelten Publizitätspflichten. So müssen beispielsweise kursrelevante Tatsachen durch sogenannte Ad-hoc Meldungen unverzüglich bekannt gegeben werden (Art. 17 MMVO, § 15 WpHG). In der Regel sind dies Gewinnwarnungen und Krisen, bedeutende Beschlüsse leitender Organe, wichtige Geschäftsabschlüsse, Umstrukturierungen und Unternehmensübernahmen.

Ad-hoc Meldung
Vor der Veröffentlichung von Ad-hoc Meldungen muss der Sachverhalt an die zuständige Aufsichtsbehörde (BaFin) und die Börsenleitung gemeldet werden, die entscheiden, ob der Handel dieser Aktie ggf. ausgesetzt wird, falls zu extreme Marktreaktionen zu erwarten sind.

Ein Missachten dieser Vorschriften und Verletzen der Publizitätspflicht kann zu Schadenersatzansprüchen der Anleger führen, Bußgelder und weitere Strafen nach sich ziehen. Auch eine persönliche Haftung des Vorstands ist unter bestimmten Voraussetzungen möglich. Spezifische Märkte haben spezifische Regelungen zu berücksichtigen. Publizitätspflichten sind deutlich strikter, wenn neben den europäischen auch die US-amerikanischen Märkte beteiligt sind, die stärker reguliert und strenger kontrolliert sind. Einige große deutsche Aktiengesellschaften haben ihre Notierung an der New York Stock Exchange (NYSE) aufgrund der hohen Anforderungen der Securities Exchange Commission (SEC) nach kurzer Zeit wieder beendet. So war etwa die Deutsche Telekom bis Juni 2010 an der NYSE gelistet und hat ihre Notierung dort dann wieder eingestellt.

In der Praxis ergänzen sich Media Relations und Investor Relations. Jede Äußerung eines Mediensprechers kann sich auf den Aktienkurs und damit auf den Unternehmenswert auswirken ([1], S. 264). Ebenso können Äußerungen einzelner Vorstände, z. B. auf Twitter, große Folgen haben: So bewegt Tesla-CEO Elon Musk regelmäßig den Aktienkurs seines Unternehmens mit Tweets.

4.2 Anspruch der Märkte: Transparenz und Schnelligkeit

Die Finanzkommunikation basiert auf der Idee des Investorenschutzes mit dem Ziel einer fairen Bewertung des Unternehmens. In Deutschland wurde mit dem Deutschen Investor Relations Verband e.V. (DIRK) im Jahr 1994 der heute größte europäische Fachverband für die Verbindung von Unternehmen und Kapitalmärkten gegründet.

Bis vor einigen Jahren war es für Analysten und Investoren gängige Praxis, auf Basis der Informationen in der Bilanzpressekonferenz, also im Wesentlichen der Unternehmenskennzahlen aus Bilanz und Gewinn- und Verlustrechnung, die Geschäftsentwicklung eines Unternehmens zu analysieren und das Unternehmen zu bewerten. Börsengang, Bilanzpressekonferenzen und Hauptversammlungen waren die wesentlichen Anlässe, zu denen Investor Relations aktiv wurden.

Heute sehen sich Unternehmen höheren Ansprüchen gegenüber und die Finanzkommunikation ist laufend gefragt. Der Vorstand hat nicht zuletzt aufgrund der erwähnten Verantwortung und möglichen Haftung ein großes Interesse an professioneller Finanzkommunikation. Neben den bekannten Kennzahlen aus Jahresabschlüssen spielen viele weitere Faktoren in die Analyse mit hinein: klare strategische Ausrichtung des Unternehmens, Heben von Wertsteigerungspotenzialen, Performance von Management und Aufsichtsorgan sowie Corporate Governance, Reputation und schließlich erfolgreiche Kommunikation ([1], S. 264). Die harten Kennzahlen reichen nicht mehr aus, um eine faire Unternehmensbewertung vorzunehmen; sie müssen um weichere Faktoren ergänzt werden. Das kann die wahrgenommene Qualität des Management Teams sein, der zahlreiche Studien einen Einfluss auf den Börsenkurs zusprechen. Diese Wahrnehmung lässt sich kommunikativ steuern, z. B. durch Interviews zur Positionierung der Vorstände. Zusammengefasst werden alle diese harten und weichen Faktoren in einer überzeugenden Equity Story, die besonders rund um eine Kapitalaufnahme, sei es am Primärmarkt oder Anleihenmarkt, eine große Rolle spielt.

Die Equity Story bietet Ansatzpunkte zwischen Investor Relations und anderen Teildisziplinen der Unternehmenskommunikation. Investor Relations sollten nicht als separierte Disziplin verstanden werden, sondern sollten mit den anderen Teildisziplinen der Unternehmenskommunikation vernetzt werden. Die Kommunikation muss ganzheitlich betrachtet werden. Interne Kommunikation und Investor Relations arbeiten eng zusammen, wenn es um Employee Stock Options (Mitarbeiteraktien) geht. Bei der Positionierung von CEO und CFO etwa sollten sich Investor Relations und Media Relations abstimmen. Wenn starke Produktmarken wie z. B. Tesla oder Apple auch das Kapitalmarktimage beeinflussen, sollten Media Relations, Marktkommunikation und Investor Relations aufeinander abgestimmt handeln.

4.3 Beitrag zur fairen Unternehmensbewertung: Kommunikation rechnet sich

Die Wirkung von Investor-Relations-Arbeit wurde verschiedentlich untersucht. Je intensiver Investor Relations mit Analysten im Austausch sind, desto genauer werden Studien zufolge deren Prognosen. Das heißt: Investor Relations erreicht das Ziel, zu einer fairen, transparenten Bewertung des Unternehmens beizutragen ([1], S. 265 ff.).

Vorteile guter Investor-Relations-Arbeit können eine geringere Aktienkursvolatilität und eine faire Unternehmensbewertung sein. Damit sinkt das Risiko einer Unterbewertung und möglichen Übernahme des Unternehmens. Kapitalkosten werden reduziert, der Zugang zum Kapitalmarkt gesichert und ein positives Image des Unternehmens über den Kapitalmarkt hinaus vermittelt.

Gute Finanzkommunikation leistet einen relevanten Beitrag zum Unternehmenserfolg und kontinuierliche Information der Financial Community auch über die gesetzlichen Anforderungen hinaus ist daher ein klarer Erfolgsfaktor.

Während sich einige Entscheider den Zusammenhang zwischen Unternehmenskommunikation und Unternehmenserfolg noch nicht vollständig angeeignet haben, ist bei den meisten die Notwendigkeit von Investor Relations als erfolgsrelevant anerkannt. Vorstände werden an der Entwicklung finanzieller Kennzahlen des Unternehmens wie dem Aktienkurs gemessen und entlohnt und haben daher ein eigenes Interesse an professioneller Finanzkommunikation.

4.4 Kommunikation nah am Kunden: Roadshow & Co

Die Finanzkommunikation eines Unternehmens wird in der Praxis unterschiedlich organisiert. Häufig ist sie in einer eigenen Investor-Relations-Abteilung angesiedelt, die Teil der Unternehmenskommunikation sein kann und zusätzlich eine direkte

4.4 Kommunikation nah am Kunden: Roadshow & Co.

Berichtslinie zum CFO hat. So gibt es heute in vielen Unternehmen spezialisierte Investor Relations Manager oder „Officer" nah am CFO. In anderen Organisationsformen sind die Investor Relations direkt beim CFO angesiedelt, mit einer „dotted line" zur Unternehmenskommunikation. Eine richtige oder falsche Organisationsform gibt es hier nicht; wichtig ist in jedem Fall ein enger Austausch zwischen Investor Relations und der Unternehmenskommunikation.

Dotted line
Eine „dotted line" steht für eine fachliche Weisungsbeziehung, die zusätzlich zu einer disziplinarischen eingerichtet wird, um einer inhaltlichen Nähe Rechnung zu tragen. Diese Weisungsbeziehung wird im Organigramm als gestrichelte Linie – dotted line – dargestellt.

Aufgabe der Investor Relations ist einerseits die Bereitstellung relevanter Unternehmensinformationen für die Financial Community durch einen aktiven Investorendialog, andererseits aber auch die Beratung des Managements bei kapitalmarktrelevanten Entscheidungen. Hierzu muss die Einschätzung des Marktes zu bestimmten operativen und strategischen Entscheidungen antizipiert werden. Dies verlangt von den Verantwortlichen für Investor Relations genaue Kenntnis des Unternehmens und tiefes Kapitalmarktwissen ebenso wie ausgeprägte kommunikative Fähigkeiten und analytisches Denken. Aktuelle Entwicklungen wie steigende regulatorische Anforderungen, schnellere Kommunikationsformen und die Veränderung der Aktionärsstrukturen sorgen dafür, dass sich das in Deutschland vergleichsweise junge Berufsfeld der Investor Relations qualitativ und quantitativ immer weiter entwickelt.

Die Aufgaben der Finanzkommunikation heute sind vielfältig. Sie folgen einerseits gesetzlichen Publizitätspflichten mit Quartals- und Geschäftsberichten, Ad hoc Meldungen und Hauptversammlungen. Andererseits umfassen sie freiwillige Instrumente zur Versorgung des Kapitalmarktes mit umfassenden, unverzüglichen Informationen über das Unternehmen. Diese Aufgaben beinhalten zudem Planung, Organisation und Umsetzung von Events wie persönliche Dialoge mit Investoren (One-on-Ones), (virtuelle) Roadshows, Informationskampagnen, Darstellung der Investor Relations im Internet und vieles mehr. Investor Relations positionieren das Unternehmen in der Öffentlichkeit durch Media Relations zu Finanz- und Kapitalmarktthemen (und ebenso zur Nachhaltigkeit) und pflegen Kontakt zu externen und internen Stakeholdern, nicht zuletzt auch als Sparringspartner des Vorstands. Es ist außerdem Aufgabe der Investor Relations, das Unternehmen durch eine Equity Story zu positionieren.

Wichtig sind klare und einheitliche Botschaften

Interview mit Michael Hagmann, Head of Investor Relations, Siemens Energy AG

Was sind aktuell die größten Herausforderungen in Ihrem Job?

Eine der größten Herausforderungen in letzter Zeit war es, auf unserem Kapitalmarkttag, die Neuausrichtung von Siemens Energy verständlich und nachvollziehbar zu präsentieren. Hierbei mussten verschiedene Zielgruppen gleichermaßen überzeugt werden: institutionelle und private Investoren, Analysten, die Presse sowie unsere Mitarbeiter und Kunden.

Hierzu mussten die Präsentationen neben den Kernbotschaften auch wichtige Fakten beinhalten, um die relevantesten Fragen direkt zu adressieren. Bei insgesamt acht Vorträgen und sechs Präsentatoren am Kapitalmarkttag war eine klare und einheitliche Kommunikation bei der Vorbereitung und Koordination der Vorträge die größte Herausforderung. Hier haben wir den Vorteil, dass wir ein sehr gutes Top-Management haben, welches mit seiner Erfahrung die Inhalte auf den Punkt präsentiert. Nichtsdestotrotz war es für die Qualität der Vorträge unerlässlich, im Vorfeld der Veranstaltung eine enge Abstimmung mit den Vorständen hinsichtlich der zu transportierenden Botschaften zu haben, die wir über die Folien visuell umsetzen mussten. Als Investor- Relations-Team haben wir den Prozess von Anfang an eng begleitet und waren im ständigen Austausch mit dem Management.

Nach unserem Kapitalmarkttag haben mehrere Analysten unsere Grafiken in ihren Studien mit aufgenommen – ein sehr gutes Indiz, dass wir die Botschaften erfolgreich platzieren konnten.

Neben den Inhalten sind auch die Rahmenbedingungen wichtig, um eine solche Veranstaltung erfolgreich zu machen. Mit der Parabelhalle auf dem Gelände unseres Schaltwerks in Berlin hatten wir einen beeindruckenden Veranstaltungsort und selbst mit dem Wetter hatten wir Glück. Um unsere Geschäftsbereiche besser vorzustellen, haben wir im Außenbereich Pavillons

4.4 Kommunikation nah am Kunden: Roadshow & Co.

aufgebaut, in denen sich die Teilnehmer mit Experten unserer Einheiten austauschen und teilweise Produkte auch mal anfassen konnten. Bei sonnigem Wetter macht dieser persönliche Austausch, nach so einer langen virtuellen Zeit, gleich doppelt so viel Freude.

Eine Herausforderung für die kommenden Jahre sehe ich bei dem Thema Nachhaltigkeit. Nachdem Nachhaltigkeit erst seit wenigen Jahren intensiver diskutiert wird, herrscht hierbei noch viel Unsicherheit. Die angestrebte EU-Taxonomie versucht einen Standard zu setzen, bedeutet aber einen großen Aufwand, denn die Systeme der Unternehmen sind noch nicht darauf ausgerichtet, die abgefragten Kriterien zu erfassen. Heute kommen Ratingagenturen, die Unternehmen nach unterschiedlichen Nachhaltigkeitskriterien beurteilen, teilweise zu widersprüchlichen Ergebnissen, da es noch keine einheitlichen Standards gibt. Gerade für ein Unternehmen wie Siemens Energy, welches als Lieferant und Lösungsanbieter für die Energiebranche und energieintensive Industrien agiert, ist der Dialog mit den Ratingagenturen sehr aufwendig, um den eigentlichen Mehrwert des Portfolios für die Energiewende zu verdeutlichen. Hier gilt es die richtige Balance zu finden, die notwendige Transparenz zu schaffen und einen kontinuierlichen Dialog mit Agenturen, Analysten und Investoren zu führen, um zu erkennen, welche Informationen für sie wichtig und hilfreich sind.

Welche Dinge aus Ihrer Analystenzeit haben Ihnen in der Rolle als Leiter Investor Relations besonders geholfen?

Ich würde sagen, ein großer Vorteil ist, dass ich die Kundenperspektive sehr gut kenne. Ich weiß aus eigener Erfahrung, wie Analysten und Investoren ticken und was sie von uns als Investor- Relations-Team brauchen. Es hilft, das System zu verstehen und zu wissen, wie der „Kunde" denkt: Was genau ist die Rolle des Analysten, welche Rolle hat der Fondsmanager, wie ist deren Tagesablauf, was sind ihre Ziele.

Das zweite, was hilft, ist die klare Kommunikation. Als Analyst geht es um das Verstehen der Zusammenhänge, aber auch darum, diese in Studien und in Gesprächen strukturiert mit klaren Schlussfolgerungen darzulegen. Da kommen wir wieder zu meinem Punkt vom Anfang zurück: Es ist wirklich wichtig, präzise zu sein und Kernbotschaften klar herauszustellen und dann einheitlich an alle Stakeholder zu kommunizieren.

Grundsätzlich würde ich sagen, dass mir in meiner IR-Rolle meine Erfahrungen als Analyst helfen. Natürlich hätte man sich einzelne Kenntnisse auch anderswo aneignen können, wie bspw. das Verständnis für Zahlen, wie diese zu interpretieren sind und was teilweise dahinter steckt. Aber die Erfahrungen aus 25 Jahren Dialog mit Vorständen und Investor-Relations-Abteilungen zu absorbieren und zu verarbeiten, hilft jetzt natürlich enorm.

Wo sehen Sie die wesentlichen Schnittstellen zwischen Investor Relations und Unternehmenskommunikation?
Unternehmenskommunikation und Investor Relations arbeiten bei uns eng zusammen – und das nicht nur inhaltlich, sondern auch räumlich. Das halte ich für sehr wichtig, denn unsere Kernbotschaften müssen die gleichen sein. Wir berichten – genau wie die Unternehmenskommunikation – an den CEO, arbeiten aber natürlich auch sehr eng mit dem CFO zusammen. Besonders enge Schnittstellen gibt es bei den Kollegen, die mit der Wirtschafts- und Finanzpresse arbeiten.

Den regelmäßigen Abteilungsdurchsprachen wohnt regelmäßig jemand aus der anderen Abteilung bei, um bei den aktuellen Themen immer abgestimmt zu sein. Bei Projekten sind grundsätzlich Vertreter beider Abteilungen involviert.

Gerade wenn es um die Vorbereitung der Kernbotschaften für das Quartal geht, sind wir von Anfang an sehr eng abgestimmt. Dasselbe gilt aber auch für Ad-hoc-Themen, bei denen die externe Kommunikation sowohl in Richtung Presse als auch Kapitalmarkt abgestimmt sein muss, wenn es bspw. um Corporate Governance Themen oder andere Marktgerüchte geht. Gerade hier muss die Abstimmung schnell und effizient sein. Das ist unheimlich wichtig, da darf dann kein Blatt Papier zwischen IR und Unternehmenskommunikation passen, das wäre fatal. Somit ist eine vertrauensvolle Zusammenarbeit zwischen beiden Teams unabdingbar. ◄

4.5 Zielgruppenbedürfnisse: Kennzahlen oder Emojis

Relevante Zielgruppe für die Finanzkommunikation ist die Financial Community, das sind primär institutionelle und private Investoren, die sich weiter in aktuelle und potenzielle Investoren unterteilen lassen. Weiterhin sind Finanzanalysten ebenso wie Wirtschaftsjournalisten als Multiplikatoren zwischen Unternehmen und Investoren als Zielgruppe von großer Bedeutung. Die unterschiedlichen und sich verändernden Informations- und Kommunikationsbedürfnisse dieser Zielgruppen sollten analysiert und bei der Arbeit der Investor Relations berücksichtigt werden.

Institutionelle Investoren wie Versicherungen und Investmentfonds bestimmen über hohe Anlagevolumina und treffen ihre Anlageentscheidungen auf Basis umfassender Unternehmensanalysen und Kennzahlen (z. B. Kurs-Gewinn-Verhältnis, Cashflow pro Aktie etc.). Doch auch persönliche Eindrücke spielen eine Rolle. Institutionelle Investoren unterhalten in der Regel eigene Research- und Analystenteams und entscheiden auf Basis interner Anlagerichtlinien in Teams aus Analysten und Portfoliomanagern.

4.5 Zielgruppenbedürfnisse: Kennzahlen oder Emojis

Große institutionelle Investoren wünschen den direkten Kontakt zum Vorstand und persönliche Kenntnis des Unternehmens. Das kann die Finanzkommunikation durch Unternehmensbesuche und persönliche Gespräche mit den Vorständen und weiteren Führungskräften zu Unternehmensstrategie und Wachstumsperspektiven ermöglichen. Hier zählen Transparenz sowie ein offener und kommunikativer Meinungsaustausch. So wie es ein Medientraining für Vorstand und Investor-Relations-Verantwortlichen braucht („Grillpartys"), damit diese in Interviews und bei öffentlichen Auftritten überzeugen, müssen die Akteure auch hier gut gecoacht und vorbereitet werden.

Privatinvestoren treffen zumeist langfristige Investitionsentscheidungen und zeichnen sich durch eine hohe Loyalität aus. Ihre Entscheidungen fällen sie oft auf Basis persönlicher Bindungen an ein Unternehmen, Sympathien und Antipathien ebenso wie des generellen Images eines Unternehmens. Auch wenn sich laufende Käufe und Verkäufe einzelner Privatanleger in der Regel kaum in der Kursentwicklung der Aktienkurse niederschlagen, sollte diese Gruppe bei den Investor Relations nicht vernachlässigt werden.

Das Anlageverhalten von Privatinvestoren befindet sich derzeit im Umbruch. Die „Traditionalisten" vertrauten auf ihren Bankberater, die „Modernen" treffen über Online Plattformen ihre Investitionsentscheidungen selbst, und bei den „Innovativen" steht heute eher ein spielerischer Investmentansatz über verschiedene Apps im Vordergrund. Passend dazu ändern sich auch die Informationsbedürfnisse der Retailinvestoren: Früher musste der Bankberater mit mehrseitigen Reports überzeugen, heute können zwei Emojis („to the moon") genügen, um die Aktienkäufe anzukurbeln.

Privatinvestoren können tatsächlich Kursbewegungen auslösen, wenn sie konzertiert in das Handelsgeschehen eingreifen. Ob dies ein Trend ist, der sich verfestigt, bleibt abzuwarten, aber es lässt sich beobachten, dass über Social Media und Crowd-Investing-Plattformen Verabredungen zum gezielten Kauf bestimmter Aktien oder Optionen getroffen werden.

Crowdfunding
Unter Crowdfunding versteht man die Verwendung kleiner Kapitalbeträge von einer großen Anzahl von Einzelpersonen zur Finanzierung eines neuen Geschäftsvorhabens. Crowdfunding nutzt die leichte Zugänglichkeit riesiger Netzwerke über soziale Medien und Crowdfunding-Websites, um Investoren und Unternehmer zusammenzubringen. So wird die Gruppe von Investoren über den traditionellen Kreis von Eigentümern und Risikokapitalgebern hinaus erweitert.

Die sogenannten „Meme Stocks" sind Aktien, deren Kurse sich nicht aufgrund der Unternehmensperformance bewegen, sondern weil sie in den sozialen Medien temporär übermäßige Aufmerksamkeit erfahren und so viele Privatinvestoren zum Kaufen oder Verkaufen anregen – je nachdem, was der Hype gerade verlangt. Diese neue Art von Privatinvestoren handelt extrem kurzfristig und sucht eher den

Kick in den selbst initiierten Marktschwankungen als nachhaltige, langfristige Investments. Im Fokus stehen nicht bestimmte Branchen, sondern das fast spielerische Investieren in Aktien mit starkem Momentum, großem Wertsteigerungspotenzial und unterstützendem Newsflow.

> **GameStop und AMC Entertainment Rallye im Januar 2021**
>
> Bekannte Beispiele für diese Art zu investieren sind die im Januar 2021 extrem gehypten Aktien der Firmen GameStop und AMC Entertainment, die in einer kometenhaften Rallye wöchentlich um teils mehr als 450 Prozent stiegen. Hintergrund war das Entstehen der Gruppe „Wallstreet bets" auf Reddit, deren Nutzer sich auf einzelne Aktien konzentrierten, die Kurse so in die Höhe trieben und Hedgefonds verdrängten. Der stationäre Videospielhändler GameStop konnte durch die Kurssteigerungen in einer Woche seine Gewinne um 1700 Prozent erhöhen. An einem Handelstag wechselten mehr als eine Milliarde Aktien der Kinokette AMC Entertainment den Besitzer, was das größte jemals gehandelte Volumen darstellt [4, 5]. ◄

Die Kommunikation mit Privatinvestoren ist für Unternehmen hinsichtlich Arbeitseinsatz, Zeit und Kosten besonders aufwendig und muss einen anderen Kenntnisstand im Vergleich zu professionellen Kapitalmarktteilnehmern berücksichtigen. Neben Hauptversammlung und Internetauftritt sowie Social Media bieten sich für den Kontakt Anzeigen, TV-Spots, Aktionärsmessen und Aktienbroschüren an. Auch Online-Formate wie Banner und Videoclips sind denkbar.

Eine große Herausforderung aus Sicht der Investor Relations sind aktivistische Investoren, deren Ziel es ist, über ihre Beteiligungen die Strategie des Unternehmens zu beeinflussen oder Wechsel in der Geschäftsleitung zu erzwingen. Dies sind einzelne Personen, die über Hedgefonds als institutionelle Investoren agieren und mehrheitlich rendite-motiviert sind. Ihre Informationen beschaffen sie sich weitgehend selbst und handeln auf Basis eigener Analysen. Die aktivistischen Investoren bedienen sich aller Mittel der Kommunikation. Die Herausforderung, adäquat mit öffentlichen Angriffen und groß angelegten Kampagnen durch die Fonds umzugehen ist groß.

> **ExxonMobil und „Engine Number One"**
>
> Der Energiekonzern für Öl- und Gaslieferungen ExxonMobil wurde Anfang 2021 von einem sehr kleinen (Beteiligung nur 0,02 %), eine Woche alten Hedgefonds „Engine Number One" gezwungen, sich für mehr Klimaschutz einzusetzen und musste drei vom kleinen Fonds vorgeschlagene Mitglieder in den zwölfköpfigen Verwaltungsrat einziehen lassen [6]. ◄

Oft entsteht dabei ein Wettbewerb um die Deutungshoheit. Das muss durch die gesamte Unternehmenskommunikation umsichtig gemanagt werden. Wie eine Art Krisenprävention sollten Investor Relations auf mögliche Angriffe durch aktivistische Investoren immer vorbereitet sein.

Neben den professionellen aktivistischen Investoren gibt es auch kleinere Gruppen dieser Investoren, die vor allem auf einzelne Themen aufmerksam machen möchten oder ihre Aufgabe darin sehen, für möglichst viel Reibung zu sorgen und Unternehmen etwa durch harte Forderungen in offenen Briefen unter Druck zu setzen.

Finanzanalysten sind in der Regel für Investmentbanken und Brokerhäuser tätig und sehen ihre Aufgabe im Wesentlichen in der möglichst neutralen Analyse von Unternehmen, Märkten und Branchen. Diese Analysen werden dann in Studien veröffentlicht und enthalten Handlungsempfehlungen, bestimmte Aktien zu kaufen, zu halten oder zu verkaufen. Detaillierte Unternehmensinformationen sind für die Arbeit der Finanzanalysten unbedingt erforderlich, sowohl rein quantitative Daten als auch qualitative Unternehmensfaktoren. Analysten können weiter in Sell-Side und Buy-Side Analysten unterteilt werden, die eher für private oder institutionelle Investoren tätig sind ([1], S. 271 f.).

Wirtschaftsjournalisten als Mittler und Multiplikatoren berichten neben den Zahlen und Fakten auch über die Hintergründe unternehmerischer Aktivitäten. Ihre Intentionen und Vorgehensweisen sind vielschichtig und ihre Qualifikationen äußerst unterschiedlich, sodass Missverständnisse und Fehlinterpretationen in der Berichterstattung immer wieder vorkommen. Einer rein journalistischen Berichterstattung stehen ähnlich den Analystenempfehlungen Anlagetipps einiger Medien gegenüber. Unternehmen informieren Journalisten ebenso wie Analysten und Investoren, andererseits fragen Journalisten auch aktiv Informationen ab ([1], S. 271 ff.).

4.6 Der Instrumentenkasten: Pflicht und Kür

Investor Relations arbeitet in der Regel auf Basis eines Kreislaufs aus strategischer Zielsetzung und Planung, Umsetzung konkreter Kommunikationsmaßnahmen, Messung der Wirkung der Maßnahmen inklusive deren Controlling. Die Definition der Ziele der Investor-Relations-Arbeit, zusammen mit der oben beschriebenen Identifikation der relevanten Zielgruppen, ist in diesem Zyklus der erste Schritt. Die Planung berücksichtigt die wirklichen Informationsbedürfnisse der verschiedenen Zielgruppen und achtet auf angemessene Aktualität, Kontinuität und Finanzorientierung der zur Verfügung gestellten Informationen.

Ausgehend von der strategischen Zielsetzung und den unterschiedlichen Bedürfnissen der relevanten Zielgruppen stehen den Investor Relations verschiedene Instrumente zur Information des Kapitalmarktes zur Verfügung. Über die gesetzlich vorgeschriebenen Instrumente und Pflichten hinaus sind die Erwartungen an ergänzende freiwillige Investor-Relations-Maßnahmen heute hoch.

Wesentlichen Anteil an der Glaubwürdigkeit der Finanzkommunikation haben einheitliche Aussagen der Unternehmensführung zur Entwicklung des Unternehmens, was nur durch eine direkte Abstimmung zwischen Vorstand und Investor Relations erreicht werden kann (One-Voice-Policy).

Eine Transparenz der Kommunikationspolitik über die gesetzlichen Anforderungen hinaus wird als positiv bewertet. Dementsprechend sind die heute üblichen Instrumente der Investor Relations sowohl gesetzlich erforderlich als auch freiwillig etabliert.

Besondere Anlässe für Investor-Relations-Maßnahmen sind der Börsengang (IPO, Initial Public Offering) und die Kapitalaufnahme am Anleihenmarkt. Hier gilt es, sich mit der richtigen Kommunikationsstrategie am Kapitalmarkt zu behaupten und durch eine starke Positionierung Vertrauen der Kapitalmärkte zu erhalten, Liquidität zu sichern und den Unternehmenswert langfristig zu steigern.

Investor Relations stützen sich auf Hauptversammlung, Analysten- und Investorenkonferenzen, Pressekonferenzen, Roadshows und Unternehmensbesuche sowie Einzelmeetings (One-on-Ones) und (virtuelle) Conference Calls. Flankierend wirken Publikationen wie Geschäfts-, Halbjahres- und Quartalsberichte, Fact Books und Fact Sheets, Unternehmenspräsentationen und Pressemitteilungen (inkl. Ad-hoc Mitteilungen). Um die Financial Community zu erreichen, stehen als Kanäle persönliche Kontakte, Telefonkontakte und Videokonferenzen, die Homepage des Unternehmens (mit einem eigenen Bereich für Investor Relations) und Social Media, Newsletter, Blogs und Podcasts oder eine eigene Investor Relations App zur Verfügung. Genutzt werden natürlich auch die Finanzpresse (Financial Times, Wall Street Journal, Handelsblatt, Börsenzeitung) und Informationsintermediäre wie Bloomberg und Reuters.

Gesetzlich vorgeschriebene Kommunikation für die Investor Relations börsennotierter Unternehmen sind die Hauptversammlung als das zentrale jährliche Ereignis, sowie zyklische Berichte über die Unternehmensentwicklung zu bestimmten Zeitpunkten. Kursrelevante Tatsachen müssen durch Ad-hoc-Mitteilungen veröffentlicht werden und ergänzen die Berichte, wann immer sie erforderlich werden.

Die fortschreitende Digitalisierung verändert auch die Möglichkeiten der Unternehmen, den Kontakt zur Financial Community zu gestalten. Standen früher Präsenzveranstaltungen, persönliche Kontakte oder sogar gemeinsame Reisen im

Vordergrund der Kontaktpflege zu den Investoren, macht Investor Relations heute von virtuellen Meetings und Social Media Gebrauch und profitiert davon, dass schnell eine große Zahl von (potenziellen) Investoren erreicht werden kann.

Rein digitale Hauptversammlungen waren bereits seit einiger Zeit Wunsch vieler DAX-Konzerne, aber erst die Corona Pandemie ermöglichte 2020 erstmals das virtuelle Zusammentreffen dieses wichtigen Entscheidungsgremiums. Seit Ende März 2020 sind virtuelle Versammlungen und Online-Beschlüsse für Aktiengesellschaften durch den Gesetzgeber ausdrücklich erlaubt, im Februar 2022 wurde ein Referentenentwurf veröffentlicht, um die virtuelle Hauptversammlung als dauerhafte Regelung im Aktiengesetz einzuführen [7]. Dem Vorteil einer Begrenzung des organisatorischen und finanziellen Aufwands für Hauptversammlungen auf Unternehmensseite steht dabei die Sorge einer Einschränkung der Beteiligungsmöglichkeiten der Aktionäre gegenüber. Im Covid-19-Maßnahmengesetz [8] werden daher Voraussetzungen genannt, unter denen die Hauptversammlung virtuell stattfinden darf: Die gesamte Veranstaltung muss in Bild und Ton übertragen werden, die Aktionäre müssen Fragen stellen und tatsächlich abstimmen können, und sie müssen einem Beschluss der Hauptversammlung widersprechen können. Insgesamt könnten virtuelle Hauptversammlungen das Modell für die Zukunft sein. Sie sind meist deutlich kürzer, günstiger und damit effektiver; erste Erfahrungen der Beteiligten auf Unternehmens- und Aktionärsseite sind durchaus positiv. Trotzdem konnten intensive Diskussionen kaum stattfinden, denn Fragen mussten in der Regel zwei Tage vorab eingereicht werden. Dass sie ernst genommen wurden, zeigt etwa die live Beantwortung von 251 Aktionärsfragen in über sieben Stunden bei der virtuellen Hauptversammlung der Deutschen Telekom 2020 [9]. Insgesamt konnten mit Online-Hauptversammlungen Rekordpräsenzen erzielt werden.

Abgesehen von digitalen Formaten sind die Erwartungen der Investoren und der Öffentlichkeit an heutige Hauptversammlungen hoch und bringen anspruchsvolle Aufgaben für die gesamte Unternehmenskommunikation mit sich. Die kommunikative Vor- und Nachbereitung der Hauptversammlung bedeutet ausgefeilte Dramaturgie, rhetorisch geschulte bzw. gut gebriefte Aufsichtsratsvorsitzende und CEOs sowie ein gutes und glaubwürdiges Zusammenspiel zwischen diesen beiden. Ihre Reden müssen in Inhalt und Länge optimal vorbereitet und auf den Punkt formuliert sein, da bei Hauptversammlungen das gesprochene Wort gilt. Ein professioneller Auftritt wird um so wichtiger, wenn die komplette (virtuelle) Veranstaltung live oder als Aufzeichnung im Internet abrufbar ist, eventuell sogar für die gesamte Öffentlichkeit und nicht nur die jeweiligen Aktionäre. Auch eine maschinelle Auswertung der kommunizierten Inhalte bis in die feinsten Nuancen auf Basis von entsprechenden KI-Tools ist dann denkbar, und natürlich ein direkter Vergleich der Qualität der einzelnen Hauptversammlungen. Nicht nur das:

Analystentools, die z. B. auf NLP (Natural Language Processing) basieren, können systematisch jede Kommunikation durchforsten, sei es die Rede auf der Hauptversammlung oder der LinkedIn Post des CEOs. So lässt sich nach Wörtern und Hinweisen suchen, die dann in Investmententscheidungen einfließen. Welche Wortwahl diese Tools begünstigen ist den Unternehmen inzwischen bekannt, sodass findige Investor Relations Abteilungen Reden vor Veröffentlichung durch diese Tools laufen lassen, um die Auswirkungen zu testen [10].

Geschäfts-, Halbjahres- und Quartalsberichte sind gesetzlich vorgeschriebene Publikationen, die von einem Wirtschaftsprüfer testiert werden müssen. Sie stellen die Unternehmensentwicklung umfassend dar – Geschäftsberichte werden oft um einen Imageteil ergänzt – bzw. konzentrieren sich knapper auf kapitalmarktrelevante Informationen. Ad-hoc Mitteilungen zu kursbeeinflussenden Unternehmensinformationen dienen der unverzüglichen Veröffentlichung von Insiderinformationen, damit alle Kapitalmarktteilnehmer gleichzeitig kursrelevante Neuigkeiten erfahren.

Zusätzlich zu den gesetzlich vorgeschriebenen gibt es ergänzende freiwillige Angebote der Investor Relations, die sich allerdings inzwischen als Standard etabliert haben und von der Financial Community erwartet werden. Hierzu gehören Analysten- und Investorenkonferenzen, Pressekonferenzen, Roadshows, Einzelmeetings (One-on-Ones) und Unternehmensbesuche sowie Conference Calls. Begleitet werden diese Maßnahmen durch Fact Books und Fact Sheets, Unternehmenspräsentationen und Pressemitteilungen.

Analystenkonferenzen sind Informationsveranstaltungen und bezeichnen die persönliche Präsentation von Finanz- und Marktsituation sowie Potenzialen des Unternehmens vor Analysten durch die Geschäftsleitung mit dem Ziel einer möglichst fairen Bewertung. Diese Konferenzen finden mindestens einmal jährlich analog zu den Bilanzpressekonferenzen statt und stellen den Jahresabschluss, kapitalmarktrelevante Ereignisse und einen Ausblick auf das neue Geschäftsjahr dar. Sie bieten Analysten die Möglichkeit, der Geschäftsleitung oder anderen leitenden Mitarbeitern Fragen zur Geschäftstätigkeit, zur Vermögens-, Finanz- und Ertragslage zu stellen.

Investorenkonferenzen werden oft von Banken oder Brokerhäusern angeboten und bringen Unternehmen eines Sektors mit potenziellen Investoren zusammen. Hier wird die Equity Story des Unternehmens durch ein Mitglied der Geschäftsleitung einem ausgewählten Kreis meist institutioneller Investoren vorgestellt.

Im Rahmen der Pressekonferenzen stellt ein Mitglied der Geschäftsleitung Medienvertretern persönlich eine Präsentation zu wichtigen Informationen und Ereignissen vor. Ziel ist eine möglichst den Tatsachen entsprechende Medienberichterstattung, was durch ausführliche und vertrauensbildende Diskussionen erreicht werden soll. Hier ist natürlich ein enges Zusammenspiel zwischen Investor Relations und Media Relations nötig, in deren Hand üblicherweise die Pressekonferenzen liegen.

Roadshows sind Präsentationen eines Mitglieds der Geschäftsführung vor eingeladenen institutionellen Investoren und Finanzanalysten an verschiedenen Standorten. Geeignet sind sie bei wesentlichen Veränderungen im Unternehmen wie Akquisitionen oder einem CEO-Wechsel.

Um eine Vertrauensbasis bei den Kapitalmarktteilnehmern zu schaffen und so eine faire Bewertung des Unternehmens zu erreichen eignen sich als Maßnahmen mit direktem persönlichem Kontakt besonders Einzelmeetings und Unternehmensbesuche.

Einzelmeetings (One-on-Ones) sind persönliche Treffen eines Mitglieds der Geschäftsführung mit potenziellen Kapitalgebern, Analysten oder Fondsmanagern, oft gemeinsam mit dem Investor Relations Verantwortlichen. Durch das persönliche Gespräch und die Möglichkeit, gezielt nachzufragen, können die Teilnehmer sich ein detailliertes Bild des Unternehmens und der Geschäftsleitung machen.

Unternehmensbesuche oder Werksbesichtigungen von Analysten und Investoren mit anschließendem Austausch dienen ebenfalls dazu.

Conference Calls zwischen einem Mitglied der Geschäftsleitung, oft zusammen mit dem Investor-Relations-Verantwortlichen, und Analysten sowie institutionellen Investoren können als Gruppenkonferenzen mit vielen Teilnehmern oder als Einzelkonferenzen stattfinden, in denen Investoren ihre spezifischen Fragen an das Unternehmen stellen können ([1], S. 276 ff.).

Fact Sheets geben zahlenorientiert Auskunft über die bisherige Unternehmensentwicklung und dienen der Kommunikation der wesentlichen Inhalte bei Roadshows und Analysten- bzw. Investorenkonferenzen. Ergänzend dazu kann die Unternehmenspräsentation grafisch kompakt darstellen, warum es sich lohnt, in das Unternehmen zu investieren. Zur Untermauerung der Equity Story kann die Unternehmenspräsentation insbesondere rund um einen Börsengang oder eine Kapitalerhöhung eine große Rolle für Investitionsentscheidungen potenzieller Anleger spielen. Adressaten der Equity Story sind auch Kunden, Geschäftspartner, Mitarbeiter und die Medien. Aufgabe einer schlüssigen Equity Story als zusammenfassende Darstellung der USP des Unternehmens mit Unternehmensstrategie, Kernkompetenzen, Erfolgsfaktoren und Perspektiven des Unternehmens ist es, Qualität und Einzigartigkeit des Unternehmens zu vermitteln und Investoren zu gewinnen sowie eine gute Reputation sicherzustellen.

4.7 Nachhaltigkeit im Fokus

Früher ging es bei den Inhalten der Investor Relations immer um harte Fakten und vor allem Finanzkennzahlen. Weitere Kennzahlen zu vermeintlich weicheren Faktoren wie Nachhaltigkeit spielten eher keine Rolle, heute sind hingegen Nachhaltigkeitsberichte für börsennotierte Unternehmen Pflicht (gemäß CSR-Richtlinie). Seit einigen Jahren wird dem Thema Nachhaltigkeit große Bedeutung in der öffentlichen Diskussion beigemessen und sie hat sich zuletzt als das große Thema für Politik und Wirtschaft etabliert.

So wird Nachhaltigkeit in ihrer ganzen Bandbreite für viele Unternehmen integraler Bestandteil der Unternehmensstrategie und damit zu einem wichtigen Thema der Investor Relations. Die Einhaltung der ESG-Kriterien, also Environmental (Umweltschutz), Social (Soziales Verhalten) und Governance (faire Unternehmensführung), wird heute von Investoren und Analysten in die Bewertung der Aktien und der Unternehmen mit einbezogen.

Einen einheitlichen Kriterienkatalog oder Richtlinien für ESG gibt es bisher nicht, seit 2019 aber den European Green Deal, in dem Europa sich zu nachhaltigerem Wirtschaften verpflichtet. Ziel ist es, bis 2050 der erste klimaneutrale Kontinent zu werden. Im Rahmen des Green Deal definiert die EU-Taxonomie-Verordnung von 2020 Vorgaben für nachhaltige Investitionen und die zugehörige Offenlegung.

In mehreren Studien zum Rendite-Risiko-Profil von Unternehmen wird ein positiver Zusammenhang zwischen der Berücksichtigung von ESG-Kriterien und der Performance von Unternehmen nachgewiesen. Inzwischen gibt es neben den Kreditratings auch Nachhaltigkeitsratings, in die z. B. seit dem Pariser Klimaschutzabkommen von 2015 auch der CO2-Ausstoß der Unternehmen einfließt.

Klimaneutralität können Unternehmen sich derzeit noch kaufen, und es erscheint günstiger, die Zertifikate zu erwerben als unternehmensinterne Prozesse umzustrukturieren. Zunehmend wird aber auch der Nachhaltigkeitspfad eines Unternehmens in die Bewertung einfließen und der organisatorische Umbau erforderlich sein.

Börsennotierte Unternehmen sind seit 2017 unter der CSR-Richtlinie (Corporate Social Responsibility) dazu verpflichtet, regelmäßig Nachhaltigkeitsberichte mit nicht-finanziellen Kennzahlen (auch zu Themen wie Diversity), zu veröffentlichen, was meist im Lagebericht abgedeckt wird. In diese Berichte müssen nun auch Angaben darüber aufgenommen werden, wie und in welchem Umfang die Tätigkeiten des Unternehmens mit ökologisch nachhaltigen Wirtschaftstätigkeiten

4.7 Nachhaltigkeit im Fokus

verbunden sind. Mit der neuen Verordnung müssen auch Finanzmarktteilnehmer wie Investmentfonds den Anteil an ökologisch nachhaltigen Investitionen in ihrem Portfolio berichten. Langfristig sollen diese Berichte vereinheitlicht und über eine EU-Plattform absolut vergleichbar hochgeladen werden. Die Vorbereitung der entsprechenden Daten ist nicht zuletzt auch Aufgabe der Investor Relations.

Investor Relations muss aktuelles Know-how in allen Richtlinien und Frameworks sicherstellen, in deren Geltungsbereich ein Unternehmen agiert oder zu denen sich das Unternehmen bekannt hat. Die daraus resultierenden Anforderungen müssen bei allen kommunikativen Maßnahmen berücksichtigt werden. Diese Frameworks können zahlreich und komplex sein, entsprechend herausfordernd ist es, zu allen Themen kommunikativ zu überzeugen. Viele Rückfragen der Investoren müssen beantwortet werden, Gegenwind auf Hauptversammlungen und Shitstorms auch in den sozialen Medien müssen gemanagt werden. Reine Lippenbekenntnisse reichen nicht mehr aus, das Commitment zur Nachhaltigkeit muss mit zugehörigen Kennzahlen belegt werden können. Greenwashing wird von der aktiven Investorengemeinschaft und der Öffentlichkeit nicht akzeptiert und wird entsprechende negative Folgen für das Unternehmen haben.

Nachhaltigkeit bringt für die Investor Relations ein breites Spektrum an neuen Themen mit sich. Zu erwarten ist, dass neue, zusätzliche Spezialisten gefragt sind, um den gestiegenen Transparenzanforderungen gerecht zu werden. Die Transformationsagenda eines Unternehmens wird im Fokus der Investor Relations stehen. Absolute Kennzahlen und Ratings können aus der ESG-Perspektive widersprüchlich sein, daher muss Investor Relations auch relative Kennzahlen berichten. Investor Relations selbst können nur nachhaltig sein, wenn das Unternehmen fair und vertrauensvoll mit den Investoren kommuniziert. Nachhaltigkeit ist ein zentrales Thema für alle Teildisziplinen der Unternehmenskommunikation.

Investor Relations hat sich stark professionalisiert

Interview mit Dennis Weber, Vice President Investor Relations, Deutsche Lufthansa AG und Präsident des Deutschen Investor Relations Verbands (DIRK)

Wie beurteilen Sie die Entwicklung der Investor Relations in Deutschland?

Die Profession hat insgesamt eine positive Entwicklung genommen, sich in den letzten 20 Jahren sichtbar spezialisiert und professionalisiert. Das bestätigen auch Investoren und Analysten. IR war früher keine etablierte Funktion im Unternehmen, die Aufgaben wurden oft von Mitarbeitenden mit einem reinen Kommunikations- oder Finanzhintergrund übernommen. Heute gibt es eine Spezialisierung; viele Unternehmen sehen IR auch als Entwicklungsstation für zukünftige Führungskräfte.

Ein starker Finanzhintergrund ist natürlich unabdingbar, wie etwa als Certified Financial Analyst (CFA) oder Certified Investor Relations Officer (CIRO), aber Kommunikationstalent gehört weiterhin dazu. Investor Relations hat sich von der reinen Erfüllung der mit einer Börsennotierung verbundenen Pflichten zu einem strategischen Instrument gewandelt, das Wert schaffen oder eine zusätzliche Finanzierungsquelle nutzbar machen kann.

Was sind aus Ihrer Sicht wichtige Änderungen im Zuge dieser Entwicklung?

Die Rolle von IR im Unternehmen ist deutlich stärker geworden: IR-Experten sind heute näher an das Management und an die Organisation insgesamt herangerückt. Investor Relations sind direkt beteiligt an den Informationsflüssen im Unternehmen bis hin zur regelmäßigen Teilnahme an Vorstandssitzungen. Wir bekommen alle wesentlichen Diskussionen und Entscheidungen im Unternehmen mit und haben auch einen besseren Zugang zur Linienorganisation. Insgesamt gelingt es besser, den Wert von IR im Unternehmen sichtbar zu machen.

Damit geht ein neues Verständnis einher: IR ist mehr als eine externe Kommunikationsfunktion und wirkt auch in die Unternehmen hinein. So wird transparent, was der Finanzmarkt über das Unternehmen denkt, wo Verbesserungspotenziale liegen und was andere Unternehmen vielleicht besser machen. Damit unterstützen wir die Entscheidungsprozesse.

Wo liegen aus Ihrer Sicht die größten Herausforderungen der Zukunft?
Eine große Herausforderung ist ganz klar das Thema Nachhaltigkeit, das zu einem wichtigen Faktor bei Investitionsentscheidungen geworden ist. Die Herausforderungen für uns sind zum einen stark gestiegene Anforderungen an die integrierte Berichterstattung und zum anderen zu zeigen, wie Strategie und Financial Performance einerseits und Nachhaltigkeitsmanagement andererseits zusammenspielen und wie Nachhaltigkeitsaspekte und damit verbundene Chancen und Risiken in Unternehmensentscheidungen integriert werden.

Investoren stehen da übrigens vor der gleichen Herausforderung wie die Unternehmen: Es gibt noch solche, deren Fokus rein auf Strategie, Performance und Finanzkennzahlen liegt, die sich mit Nachhaltigkeit also noch schwertun. Ebenso die, deren primäres Interesse der Umwelt-, sozialen oder Governance-Themen gilt, die dann aber andere Aspekte nicht so sehr im Blick haben. Das Zusammenwachsen müssen wir als IR in den nächsten Jahren stärker begleiten.

Es gibt viele weitere Herausforderungen, wie etwa die sinkende Anzahl an Analysten, die ein Unternehmen covern. Hier ist die Herausforderung für Investor Relations dafür zu sorgen, dass dem Finanzmarkt auch weiterhin qualitativ hochwertige Analysen zur Verfügung stehen, die bei der Bewertung des Unternehmens unterstützen. Dazu kommt die zunehmende Automatisierung des Aktienhandels und der steigende Anteil passiver Investments, die zu volatilen Aktienkursentwicklungen führen kann – wenn Pressemitteilungen durch Algorithmen analysiert werden, wird man schnell zum Beifahrer bei der Kursentwicklung des eigenen Unternehmens.

Weiterhin müssen wir die Kommunikation an Krisen anpassen, wie zuletzt an die Pandemie, eine sprunghaft gestiegene Inflation und geopolitische Krisen. Die Auswirkungen auf die Unternehmen sind jeweils extrem. Mit einer Standardergebnispräsentation kommt man da nicht weit – nur wer die eigene Kommunikation laufend an wechselnde Informationsbedürfnisse anpasst, kann dem Finanzmarkt glaubhaft vermitteln, dass das eigene Unternehmen auf dem richtigen Kurs ist. Und last but not least ist der „Shareholder Activism" auch im deutschen Markt ein immer wichtigeres Thema geworden: Aktionäre, die aktiv auf Veränderung drängen, werden zunehmend relevanter. Hier gilt es Frühwarnindikatoren zu beobachten und da bereit zu sein, wo man angreifbar sein könnte. ◀

Literatur

1. Achleitner, A.-K., Bassen, A., & Fieseler, C. (2008). Finanzkommunikation. In M. Meckel & B. F. Schmid (Hrsg.), *Unternehmenskommunikation: Kommunikationsmanagement aus Sicht der Unternehmensführung* (S. 261–288). Gabler.
2. Salzer, E. (2004). *Investor Relations-Management und IPO-Erfolg*. Deutscher Universitätsverlag.
3. Gabler Bankenlexikon. (o. J.). https://www.gabler-banklexikon.de/definition/equity-story-57521/version-377917. Zugegriffen am 21.05.2022.
4. Li, Y. (2021). GameStop and AMC gyrate wildly overnight after explosive rally. https://www.cnbc.com/2021/01/27/gamestop-and-amc-are-dropping-in-overnight-trading-after-explosive-rally.html. Zugegriffen am 24.05.2022.
5. o.V. (2021). Thrill-seeking traders send ‚meme stocks' soaring as crypto tumbles, Financial Times. https://www.ft.com/content/11e59520-a504-4098-9fc1-e2fe66887e14. Zugegriffen am 29.05.2021.
6. o.V. (Juni 2021). „Wie Hedgefonds Freibeuter den Ölriesen Exxon kaperten". *Manager Magazin*. https://www.manager-magazin.de/unternehmen/industrie/engine-no-1-vs-exxon-mobil-corporation-wie-hedgefonds-freibeuter-einen-oelriesen-kaperten-a-c415140a-335f-40d6-9109-d2787606b1f1. Zugegriffen am 26.06.2021.
7. Bundesministerium der Justiz, Verstetigung der virtuellen Hauptversammlung. (o. J.). https://www.bmj.de/SharedDocs/Artikel/DE/2022/0210_Verstetigung_virtuelle_Hauptversammlung.html. Zugegriffen am 24.05.2022.
8. Bundesgesetzblatt Jahrgang 2020 Teil I Nr. 14, ausgegeben zu Bonn am 27. März 2020, Artikel 2 §1. https://www.bmjv.de/SharedDocs/Gesetzgebungsverfahren/Dokumente/Bgbl_Corona-Pandemie.pdf?__blob=publicationFile&v=1. Zugegriffen am 26.06.2021.
9. Vgl. „Der große HV-Report 2020" in PR-Report 6/2020, S. 34–40. Weiterführend auch Prof. Dr. Christoph Seibt, „Möglichkeiten der Aktionärskommunikation vor und in der Online-Hauptversammlung". https://www.dirk.org/wp-content/uploads/2021/03/Its-the-AGM-run-up-stupid-Zur-Aktionaerskommunikation-vor-und-in-der-Online-Hauptversammlung.pdf. Zugegriffen am 17.04.2021.
10. Wigglesworth, R. (5./6. Dezember 2020). Robo-surveillance shifts tone of CEO earnings calls. *Financial Times Weekend*, S. 13.

Marktkommunikation 5

Marktkommunikation richtet sich vorwiegend an die Kunden und das Marktumfeld eines Unternehmens. Im Folgenden soll Marktkommunikation als eines der vier „P"s verstanden werden, wie sie von Kotler [1] als Marketing Mix definiert wurden. Diese vier „P"s sind „product", „price", „place" und „promotion". Die Marktkommunikation bedient ausschließlich das zuletzt genannte der vier „P"s, die Promotion als Öffentlichkeitsarbeit, Werbung und vertriebsunterstützende Kommunikationsmaßnahmen. Auf das Produkt (Funktionalität, Qualität, Service, Aufmachung), den Preis (Preisstrategie, Preisgestaltung, Ermäßigungen, Preisempfehlung) und den Platz (Vertrieb, Logistik, Kanäle, Standort) nimmt sie keinen Einfluss.

Marktkommunikation als Teil der Unternehmenskommunikation meint strategisch geplante, zielgerichtete Kommunikationsaktivitäten, die absatz- oder vertriebsunterstützend wirken sollen und sich auf den Markt (Kunden und Vertriebspartner) oder das Marktumfeld (potenzielle Kunden und Meinungsführer) konzentrieren ([2], S. 741 f.). Neben den vertriebsunterstützenden Kommunikationsmaßnahmen soll hier auch die langfristige Kundenbeziehung betrachtet werden.

5.1 Kundenbeziehung aufbauen: Hallo, hier bin ich

Während die Marktkommunikation früher vorwiegend über die großen Massenmedien erfolgte und teils hohe Streuverluste in Kauf genommen werden mussten, können heute verschiedene Zielgruppen nicht zuletzt durch die fortschreitende Digitalisierung und Social Media sehr viel effizienter angesprochen werden.

© Der/die Autor(en), exklusiv lizenziert an Springer Fachmedien Wiesbaden GmbH, ein Teil von Springer Nature 2023
E. Salzer et al., *Erfolgsfaktor Unternehmenskommunikation*,
https://doi.org/10.1007/978-3-658-38574-3_5

Beziehungsmanagement und Kundenbindung sind wichtige Elemente auf dem Weg von der Massen- zur Dialogkommunikation: Bisher stand bei der Marktkommunikation eine große Öffentlichkeit im Fokus der Bemühungen, große vertriebsunterstützende Kommunikationsmaßnahmen wurden über die Massenmedien lanciert. Durch die vielen Daten, die über Konsumenten inzwischen zur Verfügung stehen und den Wandel in den Medien, ist heute Mikro-Targeting möglich und spezifische Kundengruppen können gezielt angesprochen werden ([3], S. 320).

Selbst bei diesem Mikro-Targeting sollte allerdings wie in den Massenmedien darauf geachtet werden, trotz der an die einzelnen Zielgruppen maximal angepassten Botschaften in der Kommunikation konsistent zu bleiben und keine widersprüchlichen Informationen zu senden. Das könnte die Stärke einer Marke oder eines Produkts negativ beeinflussen. Insbesondere im B2C-Bereich ist die Markenstärke ein relevanter Faktor für Kaufentscheidungen, im B2B-Bereich sind Marken in der letzten Zeit ebenfalls relevanter geworden. Auch hier rückt der Kunde in den Mittelpunkt und die Marke ist inzwischen fast so wichtig wie das Produkt selbst.

B2B und B2C
Business-to-Business (B2B) beschreibt Geschäfte, die zwischen Unternehmen abgewickelt werden, also beispielsweise zwischen Großhändler und Einzelhändler oder zwischen produzierendem Unternehmen und Rohstofflieferant. Business-to-Consumer (B2C) Geschäfte werden im Gegensatz dazu zwischen einem Unternehmen und einzelnen Verbrauchern getätigt.

Im Vergleich zu den anderen Teildisziplinen der Unternehmenskommunikation sind Maßnahmen des Marketings meist kostenintensiver. Marketing benötigt in der Regel große Media- und Messebudgets, sog. „paid media". Oft handelt es sich um wiederkehrende Aktionen, die finanziert werden müssen. „Owned media" bezeichnet die eigenen Kanäle eines Unternehmens und „earned media" entsteht durch Medienresonanz auf externen Plattformen.

Angesiedelt ist die Marktkommunikation oft vertriebsnah, also nicht unbedingt in der Unternehmenskommunikation. Marketing und Kommunikation sind dann zwei verschiedene Abteilungen, die sich eng abstimmen sollten. Denn Marktkommunikation und Marketing müssen integriert erfolgen, um ein glaubwürdiges Gesamtbild des Unternehmens und der Marke abzugeben. Oft ist es hilfreich, vor großen Marketingaktionen die Perspektive der Unternehmenskommunikation einzubeziehen, bevor man mit Botschaften an den Markt geht, die eventuell missverständlich sind oder vor verschiedenen Hintergründen und Erfahrungshorizonten sogar negativ wahrgenommen werden könnten. So wurde nach dem Attentat in New York am 11. September 2001 (9-11) die Bezeichnung 911er für einen Porsche in den USA negativ wahrgenommen. Allein Zahlen können in verschiedenen Kulturen mit vollkommen unterschiedlichen Bedeutungen konnotiert sein, das muss in der Kommunikation im Zweifel berücksichtigt werden. So gibt es in Deutschland im Flugzeug keine 13. Reihe und in chinesischen Gebäuden oft keinen 4. Stock.

Ungünstig ist es, wenn die beiden Abteilungen UK und Marketing im Wettbewerb zueinander stehen und um Budgets konkurrieren müssen. Beide haben ein gemeinsames Ziel, durch eine positive Wahrnehmung den Unternehmenserfolg zu unterstützen.

Ziel der Marktkommunikation ist es, die Aufmerksamkeit auf Produkte und Dienstleistungen eines Unternehmens zu lenken und dort zu halten. Sichtbarkeit und Beliebtheit sollen erhöht, die Produkte positiv bewertet und im Idealfall alleingestellt bei (potenziellen) Kunden und Meinungsführern positioniert werden. Marktkommunikation liefert wesentliche Nutzeninformationen für Entscheidungsprozesse, um den Kaufprozess unmittelbar zu unterstützen ([2], S. 742). Dies kann auch anhand der AIDA-Formel (Attention, Interest, Desire, Action) verdeutlicht werden, die Stufen der Werbewirkung zusammenfasst: Bevor der Kunde etwas kauft, muss er auf das Produkt aufmerksam gemacht werden, idealerweise wird sein Interesse geweckt und eine Kaufabsicht entsteht, die dann dazu führt, dass er handelt und das Produkt kauft.

AIDA-Modell
Das AIDA-Modell geht auf den amerikanischen Marketing-Spezialisten und Präsident des US-Werbeverbands Elmo Lewis zurück, der das Stufenmodell bereits 1898 entwickelte. Es wird fortwährend ergänzt und weiterentwickelt und so wird es bspw. auch als AIDAS Formel verwendet, in dem das „S" für die Satisfaction steht, die Kundenzufriedenheit nach dem Kauf, die für Weiterempfehlung und Wiederkäufe relevant ist. Kritisiert wird an dem Modell teils die starre Zuordnung der Werbemaßnahmen zu den einzelnen Stufen, die nicht immer der Realität entspricht [4].

5.2 Starke Marke: Aufbau und Pflege

Den meisten Entscheidern ist bewusst, dass ohne zielgerichtetes Marketing und entsprechende Werbung keine Produkte verkauft werden können. Das Ansehen des Marketings und der Marktkommunikation ist im Unternehmen eher hoch; die Erfolgswirkung der Marktkommunikation ist allgemein verstanden und die Relevanz für den Unternehmenserfolg akzeptiert. Trotzdem sollte auch die Marktkommunikation ihren Wertschöpfungsbeitrag im Unternehmen zeigen.

Aktionen der Marktkommunikation sind sichtbar und deren Bedeutung daher leicht nachvollziehbar: Breit angelegte Social-Media-Kampagnen, großformatige Anzeigen, aufwendige Fernseh- und Kinospots, tolle Messestände erzeugen eine hohe Aufmerksamkeit und sind auch für die Entscheider im Unternehmen sichtbar.

> **Beispiele für Rebranding**
>
> Nicht zuletzt wegen der großen Beachtung für Maßnahmen der Marktkommunikation wird bei Antritt eines neuen CEOs gerne die Marke überarbeitet. Dies sichert dem Unternehmen große Aufmerksamkeit und entsprechende Berichterstattung auch über die eigentliche Kampagne hinaus.
>
> Ein aktuelles Beispiel dafür ist das Unternehmen Hugo Boss, das mit neuem CEO Daniel Grieder im Sommer 2021 ein Rebranding durchgeführt hat. Viel beachtet und diskutiert ist auch das Rebranding von Merck, das im Zuge der Übergabe von CEO Karl-Ludwig Kley an seinen Nachfolger Stefan Oschmann 2015/16 erfolgte. ◀

Branding ist eine Sondersituation der Marktkommunikation und sollte insbesondere bei der Fusion und Integration von Unternehmen als großes Thema ganzheitlich gedacht werden. Es gilt genau zu definieren, wofür das neue Unternehmen steht, welche Werte es verkörpert und welchem Leitbild es folgen soll. Dies alles sollte dann mit geeigneten Maßnahmen allen relevanten Zielgruppen wie Mitarbeitern, Aktionären, Lieferanten, Medien, Öffentlichkeit und Politik vermittelt werden.

Wenn es im Unternehmen einen Marketingverantwortlichen gibt, dann sind Marketing, Vertrieb und auch (die ohnehin oft vertriebsnah organisierte) Marktkommunikation mit direkter Berichtslinie in diesem Ressort untergebracht. Ist die Marktkommunikation als Teil der Unternehmenskommunikation organisiert, ist sie damit in der Regel beim Vorstandsvorsitzenden bzw. Geschäftsführer aufgehängt. Welche Variante zum Tragen kommt, hat auch etwas mit der Verteilung der Geschäftsbereiche unter den Vorstandsmitgliedern zu tun. Bei Mercedes sind etwa Marketing und Kommunikation in einer Einheit zusammengefasst.

Die Aufgabe der Marktkommunikation liegt vor allem darin, die produkt- und servicebezogenen Themen und Tätigkeitsfelder des Unternehmens an die verschiedenen Marktteilnehmer zu vermitteln. Es ist ebenfalls Aufgabe der Marktkommunikation, die Marke zu prägen. Dies war früher eher extern ausgerichtet, mittlerweile folgt man jedoch ganzheitlichen Corporate-Identity-Konzepten, die den gesamten Unternehmensauftritt auf die Markenbotschaften abstimmen. Die Marke sollte nicht nur nach außen funktionieren, sondern auch nach innen gerichtet wirken. Damit eine Marke authentisch ist, sollte sie mit ihren Markenwerten von den Mitarbeitern gelebt werden.

Dies führt im Idealfall zu stärkerer Identifikation mit Marke und Unternehmen, wirkt sich positiv auf die Arbeitgebermarke (Employer Branding) und damit auch auf Mitarbeitergewinnung und -bindung aus.

5.2 Starke Marke: Aufbau und Pflege

In manchen Unternehmen sind Unternehmens- und Produktmarke identisch (wie bei Coca Cola), in anderen nicht (wie Nestlé). Branding verleiht der Marke ihren Charakter und platziert sie mit einem spezifischen Auftritt am Markt. Die Marke grenzt das Unternehmen zum Wettbewerb ab und transportiert bestimmte Werte und Eigenschaften. Grundlage dessen ist die gesamte öffentliche Wahrnehmung mit Markenname, Markenlogo und der zugehörigen Kommunikation.

Eine direkte Abstimmungslinie zwischen Unternehmenskommunikation und Marketing ist unbedingt erforderlich, denn die Inhalte dieser Disziplinen müssen aufeinander einzahlen. Je nach Produkt oder Unternehmen kann die Abgrenzung jedoch anders sein: bei den Banken geht es eher um immaterielle Produkte (wie die Dienstleistung der Kontoführung). Sie haben ihre Privatkunden-Kommunikation im Privatkunden-Segment angesiedelt und nicht in der Unternehmenskommunikation. Bei Unternehmen der Konsumgüterindustrie wie z. B. Procter&Gamble wird markenspezifisch kommuniziert (z. B. Pampers), aber die Unternehmenskommunikation betreut alle übergreifenden Themen. In der Automobilbranche ist es verbreitet, die Produktkommunikation in der Unternehmenskommunikation anzusiedeln, wie etwa bei VW, die Kommunikation gegenüber Händlern bzgl. vertriebsunterstützender Maßnahmen aber in einer separaten Einheit zu führen.

Eine Vielzahl von unterschiedlichen Organisationsformen ist hier denkbar, und alle haben ihre Vor- und Nachteile. Wichtig ist aber, dass Marke und Kommunikation aufeinander abgestimmt sind.

Die Aufgaben der Marktkommunikation sind vielfältig und umfassen unter anderem Mediaplanung, Koordination der Vermarktungsaktivitäten, Organisation von (Kunden-) Veranstaltungen und Messen, Konzeption von Kommunikations- und Marketingkampagnen und Kooperationen mit Presse, Bloggern und weiteren Multiplikatoren. Die Pflege und der Auf-/Ausbau von Netzwerken mit Medienvertretern und Influencern gehören dazu. Unternehmens-, branchen- und gesellschaftsspezifische Fokusthemen und Trends gilt es zu identifizieren und zur Stärkung der Marke und Ausbau ihrer Bekanntheit in maßgeschneiderten Botschaften an die jeweiligen Zielgruppen zu kommunizieren.

Neue Schwerpunkte sind dabei auch Aufgaben im Online Marketing und die strategische und redaktionelle Betreuung der digitalen Kommunikationskanäle wie Social Media (etwa LinkedIn, Twitter, Facebook, Instagram, YouTube), Website, Mailings etc.

Die Anforderungen an Mitarbeiter in der Marktkommunikation wurden in den letzten Jahren daher verstärkt um digitale Kompetenzen ergänzt, während Kreativität, sprachliche und kommunikative Kompetenz und grafisches bzw. visuelles Verständnis immer schon erforderlich waren. So wird zunehmend erwartet, dass

Mitarbeiter im Umgang mit den einschlägigen Analyse-Tools erfahren sind, und eine hohe Affinität zu Social Media haben.

Virtuelle Welten eröffnen neue Chancen

Maximilian Wandel, Head of Brand & Corporate Communications, iteratec GmbH

Als Technologieunternehmen eröffnet iteratec neue technologische und unternehmerische Chancen. Mit mehr als 1000 erfolgreichen Projekten gehört iteratec zu den Experten für digitale Produktinnovation, Software- und Architekturentwicklung sowie digitale Infrastrukturen. Auch bei iteratec manifestieren sich die Einflüsse der digitalen Kommunikation und verändern bereits die interne Markenkommunikation in Richtung der rund 500 Mitarbeitenden und Studierenden an sieben Standorten in Deutschland und Europa. Insbesondere jüngere und technikaffine Mitarbeitende erwarten eine zunehmend erlebnisorientierte Kommunikation. Eine digitale Sozialisation, die wesentlich auch durch Gaming geprägt ist, macht viele offen für den selbstverständlichen Umgang mit Avataren und virtuellen Räumen. Die wachsende Verbreitung von Augmented-Reality- (AR) sowie Virtual-Reality- (VR) Geräten und -Anwendungen bieten neue Chancen für eine immersive Vermittlung der Marke. Die Virtualisierung der Kommunikation erlaubt eine flexiblere, zeit- und ortsunabhängigere sowie schnellere Kommunikation. Durch die Corona-Pandemie hat sich die Ausweitung der internen Markenkommunikation auf virtuelle Umfelder massiv beschleunigt.

Interner Marken-Roll-Out zu Beginn der Coronapandemie

2019 hat iteratec eine neue, deutlich progressivere Markenstrategie entwickelt, die zu Beginn des Jahres 2020 an die Mitarbeitenden kommuniziert werden sollte. Dafür war ein mehrtägiges Event in Österreich geplant, um den rund 500 Mitarbeitenden die neue Markenstrategie vorzustellen. Jedoch ließ die Corona-Pandemie alle

5.2 Starke Marke: Aufbau und Pflege

Pläne platzen und eine Alternative musste her. In der Folge wurde der „Marken-Mittwoch" eingeführt: Ein wöchentliches Livestream-Format, bei dem in sechs je zweistündigen Sessions die einzelnen Elemente der neuen Markenstrategie vorgestellt wurden – von der Markenambition „Developing Digital Champions", über die zugrunde liegenden Werte bis hin zum überarbeiteten Corporate Design. Dafür wurde extra ein Streaming-Studio eingerichtet, Videos und Einspieler produziert, und die Mitarbeitenden konnten von zu Hause aus Fragen stellen und mitdiskutieren.

Auch wenn das Format informierend war und Partizipation ermöglichte, so war diese Art der Markenvermittlung wenig involvierend. Zwar erhielten alle Mitarbeitenden ein „Brand-Launch-Kit" per Post in die Home Offices, aber eine stärkere physische Auseinandersetzung mit der neuen Markenidentität fand kaum statt.

VR als stärker involvierende Form der internen Markenvermittlung

Für das Ziel, markenbezogene Informationen nicht einfach nur weiterzugeben, sondern den Mitarbeitenden ein dauerhaftes, an der Marke ausgerichtetes Verhalten zu ermöglichen, ist ein emotionales Involvement und Engagement essenziell [5]. Im Sinne einer optimalen Auswahl der Instrumente zur Markenkommunikation ist außerdem zu empfehlen, dass diese „on-brand" sind. Als Technologieunternehmen und ausgehend von dem Markenversprechen „Developing Digital Champions" erscheint eine Vermittlung unter Einsatz von VR für iteratec daher eine inspirierende Option. Um bewerten zu können, wie sehr VR eine sinnvolle Ergänzung zu den klassischen Instrumenten sein kann, nähert sich iteratec dem Ganzen schrittweise. In aufeinander aufbauenden Modulen wird die Marke vermittelt, beginnend mit Informationen zur Markenidentität und folgenden Einheiten, wie markenorientiertes Handeln aussehen kann, z. B. durch unternehmensinterne Best-Practice Stories. Interaktive Elemente mit Avataren und Virtual Influencern sollen die Aneignung durch Engagement verstärken.

Eine VR-basierte Vermittlung zahlt stark auf die Kommunikationsziele ein: VR erlaubt besonders immersive, multisensuale Erlebnisse und eine sehr abstrakte, aber auch sehr konkrete Auseinandersetzung mit den Kommunikationsinhalten. In aller Regel blenden die Nutzer das gewöhnliche Umfeld komplett aus und fokussieren sich nahezu ausschließlich auf die virtuelle Realität. Dies ist für die interne Kommunikation von großem Vorteil, da die Mitarbeitenden kaum abgelenkt werden und sich intensiv mit den Botschaften und dem Erleben auseinandersetzen können, intensiver als beim Betrachten eines Videos. Kombiniert man die Vermittlung via VR mit Gamification-Ansätzen bieten sich Chancen für komplett neuartige Formen einer involvierenden internen Markenkommunikation und starken Brand Experience.

Das Marken-Metaverse ergänzt das Onboarding-Erlebnis

Zur weiteren internen Vermittlung der Ambition und Werte können die Mitarbeitenden von iteratec in speziell eingerichteten VR-Welten in die Marke eintauchen. Die Umfelder sind unterschiedlich gestaltet: Die Markenwerte werden durch jeweils spezifische Musik, Gestaltung der Räume und Farben unterscheidbar inszeniert und erlauben beispielsweise das virtuelle Anfassen von Objekten, also eine haptische Auseinandersetzung mit den Botschaften. Darüber hinaus kann man auch als reiner Betrachter fungieren, und in einem separaten physischen Raum beobachten, wie Andere in der VR mit der Marke interagieren.

Während VR noch weit von einer flächendeckenden Verbreitung als Kommunikationsinstrument entfernt ist, bieten gut konzipierte virtuelle Realitäten die Möglichkeit, das Markenerlebnis in der internen Markenkommunikation nachhaltig zu verbessern. Gerade bei standortübergreifenden, verteilt arbeitenden Teams kann ein Marken-Metaverse das gesamte Onboarding neuer Mitarbeitender um ein kreatives, spannendes Element bereichern und ermöglichen, dass alle neuen Mitarbeitenden die Marke gemeinsam erleben und sich dazu austauschen können. Ein solchermaßen immersiv ergänztes Onboarding erleichtert das schnellere Ankommen in der Unternehmenswirklichkeit. In Zukunft ist der Einsatz auch für potenzielle Bewerber in der Pre-Application-Phase denkbar. ◄

5.3 Zielgruppen: Immer an die Kunden denken

Zielgruppen der Marktkommunikation sind vor allem bestehende und potenzielle Kunden sowie Multiplikatoren, aber auch Lieferanten, Vertriebspartner und Wettbewerber im weitesten Sinne.

Die Kunden als wichtigste Zielgruppe lassen sich in bestehende und potenzielle Kunden mit unterschiedlichen Informationsbedürfnissen unterteilen. Bestehende Kunden sollen durch Marktkommunikation bestätigt und an das Unternehmen gebunden werden und sollen gleichzeitig auch als Meinungsführer für potenzielle Kunden fungieren. Potenzielle Kunden sollen durch die Bereitstellung entscheidungsrelevanter Information zur Kaufentscheidung bewegt werden. Multiplikatoren, Lieferanten, Vertriebspartner und Wettbewerber im Marktumfeld sollen durch die gesteigerte Bekanntheit einer Marke in den Medien mittelbar in ihrem Entscheidungsverhalten beeinflusst werden ([2], S. 752).

5.3 Zielgruppen: Immer an die Kunden denken

Multiplikatoren wie Influencer und Fachjournalisten sind nicht nur im Marktumfeld wichtig, sondern durch die sozialen Medien auch darüber hinaus. Es kann heute kaum noch zwischen den verschiedenen Öffentlichkeiten für Teildisziplinen der Unternehmenskommunikation und Marketing unterschieden werden, da sich z. B. auf Facebook und Instagram „alle" wiederfinden. Trotzdem wird der Social-Media-Auftritt noch nicht in allen Unternehmen zentral gesteuert. Siemens und Boss etwa haben eine einzige Facebook Seite, auf der sämtliche Inhalte ausgespielt werden, während für thyssenkrupp und für die Deutsche Bank eine Vielzahl von eigenen Seiten zu finden sind. Separate Seiten für Sonderthemen wie Recruiting können durchaus sinnvoll sein, aber ein „Wildwuchs" an Facebook Auftritten sollte vermieden werden.

Lieferanten sind als Zielgruppe der Marktkommunikation eher auf der Arbeitsebene von Bedeutung, wenn etwa im Rahmen der Restrukturierung eines Unternehmens Lieferungen nur noch gegen Vorkasse erfolgen. Bei wirtschaftlicher Schieflage kann eine gute Beziehung zum Lieferanten von Vorteil sein, und teils könnten auch Lieferanten über die Marke profitieren. Denkbar ist auch ein positiver Effekt für die Gewinnung und Bindung der Lieferantenseite, wenn klar ist, dass sie wichtiger Zulieferer eines sehr beliebten und innovativen Produktes einer großen Marke sind und sie sich damit als Teil der Erfolgsgeschichte positionieren können. Umgekehrt kann dies auch funktionieren, wenn etwa wie bei „intel inside" die Marke des Zulieferers einer wesentlichen Komponente auch für den Endverbraucher eine Rolle spielt, sog. „ingredient branding".

Vertriebspartner sind in bestimmten Momenten aus Sicht der Marktkommunikation besonders wichtig, wie etwa beim Markteintritt, Relaunch oder Rebranding. Wie die Marke wahrgenommen wird, wirkt zurück auf das Unternehmen – so kann eine Luxusmarke nur mit den passenden Vertriebspartnern etabliert werden. Der Zugang zu den richtigen Vertriebspartnern ist oft entscheidend mitverantwortlich für den Erfolg einer Marke.

Die Kommunikation mit Wettbewerbern wird dann besonders relevant, wenn es um gebündelte Interessen geht, die eine ganze Branche betreffen. In diesen Fällen ist es sinnvoll, nicht auf Abgrenzung zu setzen wie beim Branding, sondern Gemeinsamkeiten herauszustellen und gemeinsame Kampagnen zu nutzen. Über Branchenverbände wie etwa den Bankenverband oder den Gesamtverband der Deutschen Versicherungswirtschaft GDV geht dies institutionalisiert. Über die reine Interessenvertretung gehen auch gemeinsame Kampagnen nach außen, wie auch bei Public Affairs oder Lobbying. So gibt es z. B. gemeinsame Kampagnen von Luxusmarken gegen Fälschungen oder die bekannte Kampagne der Betonwirtschaft „Hoffentlich ist es Beton".

Starke Marken gegen Plagiate
Französische Luxusmarken taten sich für eine große Plakatkampagne an internationalen Flughäfen zusammen, die der verstärkten Einfuhr gefälschter Waren vorwiegend aus Asien Einhalt gebieten sollte. Überwiegend deutsche Luxusmarken, verbunden im Unternehmensverband Meisterkreis mit dem Ziel der Sicherung von Kultur und Exzellenz, starteten 2014 den „Onlineshop" Plagiate-Shop.de, um auf Fälschungen deutscher Qualitätsprodukte wie Leica, Dornbracht, Faber-Castell, Thonet, Rimowa aufmerksam zu machen.

5.4 Alle Instrumente nutzen: Wie man Kunden erreicht

Das Kommunikationsmanagement der Marktkommunikation erfolgt in der Regel auf Basis eines Kreislaufs aus strategischer Zielsetzung und Planung, Umsetzung konkreter Kommunikationsmaßnahmen, Messung der Wirkung der Maßnahmen und Controlling.

Instrumente der Marktkommunikation sind die klassischen PR-Maßnahmen mit dem Ziel, die Wahrnehmung des Unternehmens, der Marke oder des Produkts positiv zu beeinflussen. Besondere Anlässe für Marktkommunikation sind Markteinführung, Relaunch und Markenjubiläum. Großer Fokus liegt heute auf dem Omnichannel-Marketing und der zugehörigen Customer Journey als gesammelte Erfahrung, die ein Kunde an den einzelnen Berührungspunkten (Touch Points) in der Kommunikation mit einer Marke hat. Omnichannel bezeichnet die integrierte und übergreifende Nutzung der verschiedenen Kanäle, die Unternehmen zur Interaktion mit den Verbrauchern zur Verfügung stehen, um ein einheitliches Markenerlebnis zu schaffen. Dies umfasst physische (z. B. Geschäfte) und digitale Kanäle (z. B. Websites). Insgesamt ist eine deutliche Verschiebung der Aktivitäten von Print und stationär zu digital und online zu beobachten.

Die klassische Werbung aus Anzeigen und Spots in Printmedien, Hörfunk, Fernsehen und Kino sowie Plakaten soll einen Kaufgrund liefern und lässt keinen Zweifel an ihren kommerziellen Interessen. Sie informiert möglichst viele Menschen auf einmal und wird als Mittel der Massenkommunikation eingesetzt. Neben Anzeigen und Spots werden zur klassischen Werbung auch Werbebriefe und Werbegeschenke gezählt. Zur moderneren Werbung gehören digitale Instrumente wie die Gestaltung von Websites, Suchmaschinenwerbung/SEO und alle Instrumente der Online-Werbung.

Die Sales Promotion als zeitlich befristete Aktivität mit Aktionscharakter, die einen Anreiz zum Kauf bietet, kann als Instrument der Marktkommunikation der Aktivierung verschiedener Marktbeteiligter zur Erhöhung der Verkaufsergebnisse dienen. Promotion findet immer am Point of Sale statt, also stationär am Werbestand im Supermarkt oder digital im Onlineshop mit Rabattaktionen per Code.

5.4 Alle Instrumente nutzen: Wie man Kunden erreicht

Direktmarketing als ein weiteres Instrument, ursprünglich aus dem Direktvertrieb im Versandhandel entwickelt, stellt durch eine gezielte Ansprache des Einzelnen einen persönlichen Kontakt her und gewinnt vor allem in digitaler Version zunehmend an Bedeutung. Das Direktmarketing umfasst traditionell Werbesendungen und -briefe, Anzeigen und Beilagen, Telefonmarketing und E-Mails, die sich an Kunden aber auch Lieferanten, Händler und Hersteller wenden. Heute dienen im Wesentlichen E-Mail-Kampagnen (Mailstrecken) und One-to-One Multichannel sowie Online-Dialog-Marketing und Apps dazu, persönliche Kundenbeziehungen aufzubauen und zu pflegen.

Mailstrecken
Unter Mailstrecken versteht man eine definierte Abfolge von E-Mails, die abgestimmt auf das Benutzerverhalten versendet werden. Z. B. nach Registrierung zum Newsletter eine Willkommensmail mit einem Link auf ein kostenloses Rezeptbuch, wenn das Rezeptbuch heruntergeladen wurde eine E-Mail mit einem Rabattgutschein für Küchenzubehör, dann weitere Informationen zum Küchenzubehör oder die Erinnerung, den Gutschein einzulösen usw.

Sponsoring ermöglicht eine gezielte Ansprache, meist im Freizeitbereich, und stellt finanzielle Mittel, Sachmittel, Dienstleistungen oder Know-how eines Unternehmens zur Verfügung mit dem Ziel, einen Imagetransfer zu erreichen ([3], S. 338). Gesponserte Sportler oder Kulturinstitutionen etwa bieten den Unternehmen die werbewirksame Verwendung des eigenen Namens und die kommunikative Nutzung der Sponsorentätigkeit an und Kunden nehmen Unternehmen dadurch in einem angenehmen Umfeld wahr.

Public Relations, insbesondere auch Marken-PR und Produkt-PR, richten sich mit allgemeinen Informationen zum Unternehmen, den Marken und Produkten an die Kunden mit dem Ziel, ein positives Bild des Unternehmens und seiner Leistungen zu erzeugen.

Messen und Ausstellungen richten sich an Besucher als potenzielle Kunden, aber auch an Fachbesucher und Händler. In manchen Branchen haben Messen große Bedeutung gewonnen und werden von aufwendigen Rahmenprogrammen wie Vorträgen, Tagungen, Abendveranstaltungen und besonderen Events flankiert (Event Marketing). Kongresse und Symposien, Galas und Festakte mit Prominenten werden gezielt als Plattform für die Darstellung von Themen oder Botschaften genutzt und durch ein persönliches Erlebnis werden Marken oder Produkte mit Emotionen verbunden.

Während der Corona-Pandemie haben viele Messen auch virtuell stattgefunden und Besucher online zusammengebracht. Es bleibt abzuwarten, wie viele Messen in Zukunft wieder physisch stattfinden werden oder inwieweit sich die virtuellen Formate, ergänzt um Präsenzveranstaltungen, durchsetzen werden. Im Bereich der neuen Technologien und Digitalisierung lässt sich eine Verschiebung in die Nähe der großen Kunden im Silicon Valley feststellen, wie von der CEBIT Hannover, die es seit 2018 nicht mehr gibt, zur CES in Las Vegas (Consumer Electronics Show) als einflussreichstes Tech Event. Die SXSW (South by Southwest) Messe in Austin bietet digitalen, innovativen, zukunftsorientierten Kreativen den Austausch mit der globalen Gemeinschaft.

Online-, Mobile- und Social-Media-Kommunikation bietet viele Möglichkeiten zur Ansprache der Zielgruppen, etwa über Unternehmenswebsites, E-Mail-Newsletter, Blogs oder Social-Media-Kanäle und Influencer. Alle Kontaktpunkte zwischen Unternehmen und Kunde sollten kontrolliert und gesteuert sein, damit sie zusammenpassen, die Kundenbindung gestärkt wird und ein 360-Grad-Ansatz über Website, E-Mails und Social-Media-Aktivitäten erfolgreich sein kann. Dazu gehört ebenso eine regelmäßige Anpassung der Auftritte, basierend auf Auswertungen der Kundendaten wie direkten Feedbacks oder meistgeklickten Links sowie meistgelesenen Artikeln in Newslettern.

Medienarbeit als indirekte Kundenansprache ist ein weiteres Instrument. Massenmedien erreichen die allgemeine Öffentlichkeit aber auch das Fachpublikum zur Imagebildung, was vorteilhaft im Vergleich zu unternehmenseigenen Publikationen ist, die sich ausschließlich an Kunden wenden. Durch diese Multiplikatorfunktion und durch Journalisten und Influencer als Vermittler, Experten und Berater erhöht sich die Glaubwürdigkeit der Informationen.

Ein integriertes Kommunikationskonzept beinhaltet verschiedene Medien und Kanäle und versorgt bestehende und zukünftige Kunden mit Informationen zum Unternehmen, zur Stellung im Markt und zu Produkten und Dienstleistungen.

Eine Marke kann sich dann voll entfalten, wenn Kunden in verschiedenen Kontexten ein in sich schlüssiges Bild von Unternehmen oder Produkt vermittelt wird. Als Medienarten stehen hierfür Publikums- und General-Interest-Medien, die die Öffentlichkeit als Ganzes adressieren (Tageszeitungen, Magazine und TV/Radio), Special-Interest-Medien für interessierte Laien (z. B. Auto, Reise- oder Sportmagazine) und Fachmedien für bestimmte Berufsstände (z. B. Ärzte-Zeitung) zur Verfügung.

Die direkte Kundenansprache als Instrument der Marktkommunikation kann durch Kundenzeitschrift, Internet oder Corporate TV erfolgen. Kundenmagazine, auch als E-Journals, werden von Unternehmen vieler Branchen erstellt und haben wegen des redaktionellen Aufwands eine höhere Glaubwürdigkeit als direkte Werbung. Man kann hier quantitative und qualitative Kundenzeitschriften unterscheiden: Quantitative sind kostengünstig produzierte Massenblätter in hohen Auflagen wie Titel von Drogerien, Apotheken oder Supermärkten, die aktuelle oder zukünftige Kunden ohne weitere Zielgruppenunterscheidung ansprechen sollen. Der auflagenstärkste Titel hiervon ist in Deutschland die ApothekenUmschau.

Qualitative Kundenzeitschriften werden aufwendig und mit niedrigerer Auflage produziert wie bei Automobilherstellern, großen Beratungsunternehmen oder Fluggesellschaften. Durch diese Magazine soll ein Mehrwert geschaffen und die Kundenbindung erhöht werden, der Verkauf steht nicht im Vordergrund. Das Lufthansa Magazin bspw. bietet seinen Lesern einen vielfältigen Mix aus Reportagen, Portraits und weiteren Business-Themen.

Digitale Marktkommunikation über E-Mail-Marketing

Nikolaus von Graeve, Geschäftsführer, rabbit eMarketing GmbH

Unternehmen streben möglichst dauerhafte Beziehungen zu ihren Kunden an – nicht zuletzt, um deren Customer Lifetime Value zu maximieren. In Zeiten medialer Dauerbeschallung und der damit verbundenen Reizüberflutung der Konsumenten wird dies zu einer immer größeren Herausforderung. Trotz allem funktioniert der Aufbau nachhaltiger Kundenbeziehungen auch heute noch: Wie im privaten Leben führt der Weg zu einer guten Beziehung über Dialoge, die mit zunehmender Beziehungsdauer immer persönlicher und individueller werden.

Damit Unternehmen diese Dialoge führen und Beziehungen auf- und ausbauen können, müssen Sie die zunächst noch anonymen User eindeutig erkennen können. Diese Identifikation ist zwar dank digitaler Möglichkeiten einfacher geworden, steht jedoch immer stärker in Konflikt mit den Anforderungen des Datenschutzes. Davon lassen sich viele Unternehmen abschrecken mit der Folge, dass ihre Kunden für sie häufig anonym bleiben.

E-Mail-Marketing als Game-Changer

E-Mail-Marketing eröffnet Unternehmen seit jeher die Chance, Beziehungen zu ihren Kunden aufzubauen und zu pflegen – und dies ganz gezielt mithilfe personalisierter Dialoge, die für jeden einzelnen Empfänger relevant sind. Denn jede E-Mail-Adresse weltweit ist einmalig und üblicherweise mit einer individuellen Person verbunden. Mit der E-Mail-Adresse hat fast jeder Kunde eine digitale ID.

Erhalten Unternehmen durch ein Opt-in die Einwilligung des Empfängers, dass sie (werbliche) E-Mails an diese Adresse senden und zugehörige Daten bzw. entstehende Daten speichern dürfen, können sie auch individualisiert und personalisiert mit jedem einzelnen Kunden kommunizieren. Zudem können sie für jeden Empfänger individuell entscheiden, zu welchem Zeitpunkt die E-Mail verschickt wird.

Unternehmen können mit einem intelligenten Data Mining jede einzelne Person wiedererkennen und sie vom allerersten Kontakt an über alle geschäftlichen Transaktionen individuell begleiten. Dazu steht ihnen ein umfangreiches Instrumentarium zur Verfügung: vom klassischen Newsletter mit Personalisierung und Individualisierung für ein kontinuierliches Grundrauschen bis zum Customer Lifecycle E-Mail-Marketing mit automatisiert ausgespieltem, hoch individualisiertem Content. So können sie voll individualisiert und personalisiert, anlass- und verhaltensabhängig mit ihren Kunden interagieren.

Wie können Unternehmen E-Mail-Marketing für sich nutzen?

Vier Dimensionen sind zu berücksichtigen, um von einer „one size fits all"-Kommunikation hin zu einer individualisierten Kommunikation zu kommen:

Bestehende Prozesse und Strukturen in Marketing und Vertrieb sind häufig auf lineare Erstellungs- und Freigabeprozesse in einzelnen Kanälen ausgerichtet. One-to-One-Kommunikation erfordert ein barrierefreies Handeln und Denken über etablierte Strukturen hinaus. Automatisierte, kanalübergreifende Prozesse bilden die Basis für eine erfolgreiche One-to-One-Kommunikation und müssen auch strukturell zusammengefasst innerhalb des Unternehmens organisiert sein.

Der Steuerungsprozess der Customer Journey wird durch Daten und Technologie maßgeblich beeinflusst und erleichtert. Die Basis einer zielgenauen Aussteuerung von Botschaften sind detaillierte, systemunabhängige Daten und insbesondere deren Zugänglichkeit. Abgeschottete Datensammlungen in einzelnen Abteilungen oder Systemen („Silos") müssen zusammengeführt und automationsfähig bereitgestellt werden, denn nur so können sie durch technische Hilfsmittel extrahiert, strukturiert und zielgerichtet genutzt werden. Dies betrifft alle Daten, von Informationen aus dem Onlineshop, der Kundenkarte, aus dem Supportbereich bis hin zur Abrechnung. Sie alle stellen einen Baustein für die kundenspezifische Ansprache dar.

Ein besseres Verständnis für die Notwendigkeit einer abteilungsübergreifenden Zusammenarbeit setzt auch den Wandel in der Dimension „Mindset and Skills" voraus: Neue Prozesse und Technologien, deren Nutzung bisher nicht notwendig war, bringen natürlich auch Unsicherheiten und Ängste mit sich. Entsprechend müssen alle Beteiligten in den Veränderungsprozess eingebunden werden und diesen idealerweise auch mitgestalten können. Fortbildungen können ein Weg sein, neue Kompetenzen aufzubauen. Häufig ist aber schon der innerbetriebliche Austausch über Erfahrungen und Wissen hilfreich, um Fähigkeiten auszubauen und gleichzeitig Verständnis zu schaffen und Vorbehalte abzubauen.

Jede Organisation verfolgt Ziele, die anhand von KPIs und Reportingstrukturen nachverfolgt werden. Oft werden Mitarbeiter für das Erfüllen individueller (Abteilungs-) Ziele incentiviert. Dies kann dazu führen, dass eine ganzheitliche übergeordnete Betrachtung vernachlässigt und stattdessen ein Silo-Denken gestärkt wird. Eine Überarbeitung der Berichtsstrukturen und eine verfeinerte Auswahl der kundenrelevanten Kennzahlen ist deshalb erforderlich, um Silos zu überwinden und eine ganzheitliche, kundenzentrierte Betrachtung zu ermöglichen.

Die hier genannten Dimensionen bilden das Fundament. Der Schlüssel zu einem erfolgreichen E-Mail-Marketing liegt darin, die vielfältigen Möglichkeiten der Disziplin mit einer durchdachten Strategie zu kombinieren und mit einer starken Konzeption und Kreation zum Leben zu erwecken. Dann kann das E-Mail-Marketing die Blaupause für das gesamte Relationship-Management sein. ◄

5.5 Werbung und Wirkung: Erfolge messen

Wie alle anderen Teildisziplinen der Unternehmenskommunikation sollte auch die Marktkommunikation ihren Wertschöpfungsbeitrag nachweisen.

Der Erfolg der Marktkommunikation lässt sich mit Hilfe von verschiedenen Key Performance Indicators (KPIs) messen, die den einzelnen Stufen des Wirkungsprozesses der Marktkommunikation zugeordnet werden können. Das AIDA-Modell (Attention, Interest, Desire, Action) beschreibt die Stufen, die ein Kunde bis zum Kauf eines Produkts durchläuft. Oberstes Ziel ist dabei immer, Nutzen und Einzigartigkeit des Produktes oder der Dienstleistung herauszustellen und eine klare Abgrenzung von Wettbewerbern zu erreichen. Letztlich sollen natürlich Verkaufszahlen steigen und die Erfolge der Marktkommunikation und ihrer Kampagnen in Euro gemessen werden können.

Erste Aufgabe der Marktkommunikation ist es, die Aufmerksamkeit der gewünschten Zielgruppe zu erlangen (Attention). Diese Aufmerksamkeit kann durch auffällige Farben, ungewöhnliche Bilder oder prägnante Werbesprüche erreicht werden. In der nächsten Stufe gilt es, die gewonnene Aufmerksamkeit zu nutzen und ein tiefer gehendes Interesse zu wecken (Interest), sodass das Produkt nachhaltig beim Konsumenten verankert wird. Hierzu müssen eindeutige Mehrwerte für den Kunden und insbesondere der Nutzen klar herausgestellt werden, z. B. durch Betonung der Merkmale wie Preis, Qualität, Einzigartigkeit etc., damit der Kunde das Produkt als für ihn relevant erkennt. In der nächsten Stufe geht es darum, das bestehende Interesse in den Wunsch zu überführen, das Produkt zu besitzen (Desire). Dies kann auf emotionaler Ebene, z. B. durch Ansprache des Bedürfnisses nach sozialer Anerkennung, und/oder rationale Botschaften wie sachliche Argumente und Nutzenversprechen erfolgen. Die letzte Stufe des AIDA-Modells enthält den Call-to-Action, also die Handlungsaufforderung zum Kauf des Produktes; der Interessent soll zum Käufer werden (Action). Umgesetzt werden kann dies z. B. durch den Hinweis auf eine Bestellhotline oder den „Jetzt kaufen" Button auf der Landing Page.

Der Erfolg der Marktkommunikation kann auf diesen unterschiedlichen Stufen gemessen werden, für die es eine Reihe von möglichen KPIs gibt, die unternehmensspezifisch zu definieren sind.

Die Erfolge von Social-Media- und Online-Aktivitäten lassen sich ebenfalls messen, wie bspw. durch Reaktionen auf Beiträge (Likes, Shares, Kommentare), Öffnungsraten der E-Mails, Seitenaufrufe, erreichte Personen, Verweildauer auf der Seite, ausgeführte Bestellungen und die Absprungrate.

Auch der „Net Promoter Score" ist eine gängige Kennzahl, mit der die Weiterempfehlungsabsicht der Kunden gemessen wird. Hierbei wird eine repräsentative Kundengruppe gefragt, wie wahrscheinlich es ist, dass sie ein Produkt weiterempfehlen und gebeten, dies auf einer Skala von 0 bis 10 einzuschätzen.

Die Messung der Erfolge der Marktkommunikation ist eine wichtige Grundlage für die Budgetverhandlungen. Es wird durch die Digitalisierung sicher Entwicklungssprünge geben, aber auch digitale oder „hybride" Marktkommunikation lassen sich gut durch Kennzahlen abbilden und messen. Gerade in Zeiten, in denen optimiert und rationalisiert wird, ist es besonders wichtig zeigen zu können, was sich durch professionelle Marktkommunikation erreichen lässt.

Literatur

1. Kotler, P. et al. (2019). *Grundlagen des Marketing*. Pearson Deutschland GmbH, S. 114 ff, basierend auf McCarthy, E J. *Basic marketing: A managerial approach*. Irwin 1960.
2. Szyszka, P. (2007). In M. Piwinger & A. Zerfaß (Hrsg.), *Handbuch Unternehmenskommunikation* (S. 741 ff.). Gabler.

3. Mast, C. (2020). *Unternehmenskommunikation: ein Leitfaden*. UVK Verlag.
4. AIDA geht zurück auf St Elmo Lewis. (1898). https://wirtschaftslexikon.gabler.de/definition/aida-regel-29523/. Zugegriffen am 07.06.2022.
5. De Chernatony. (2006). S. 823 f. in De Chernatony L, Cottam S. Communicating service brands' values internally and externally. *The Service Industries Journal, 26*(8), 819–836.

Fazit 6

Mit diesem Buch haben wir versucht, eine kompakte Orientierung aus unserer Sicht zu geben. Viele Themen haben wir deshalb nur angerissen und nicht tiefergehend behandelt. Wichtig ist uns, dass die Bedeutung der Unternehmenskommunikation als ein wichtiges Instrument der Unternehmensführung in ihren Grundzügen verstanden ist. Entscheider sollten sich von Experten in sämtlichen Fragen der Unternehmenskommunikation beraten und unterstützen lassen, denn die Disziplin ist komplex und daher eine Sache für Profis.

Studien belegen, dass das Vertrauen in Institutionen seit Jahren sinkt. Das seit über 20 Jahren regelmäßig durchgeführte Edelman Trust Barometer [1] zeigt ein erneut gesunkenes Vertrauen der Deutschen in Regierung, Medien, Wirtschaft und NGOs. Nach Edelman ist die „Vertrauensblase geplatzt" und die Institutionen sind mit einem Wert von unter 50 sogar in den Misstrauensbereich gerutscht. Als einen Grund dafür führt die Studie die fehlende Fähigkeit an, konstruktive Debatten über Themen zu führen, bei denen Menschen unterschiedlicher Meinung sind. Dieses Misstrauen wird durch eine sich ausweitende Führungskrise verstärkt: Entscheidern aus der Wirtschaft wird unterstellt, dass sie Menschen absichtlich in die Irre führen wollen, indem sie Dinge äußern, von denen sie wissen, dass sie falsch oder stark übertrieben sind. CEOs erreichen in Deutschland nur noch einen Trust Score von 36 % (global sind es noch 49 %). Dies verdeutlicht die Bedeutung einer offenen und konstruktiven Kommunikation mit allen Stakeholdern, die stellvertretend für das gesamte Unternehmen vom CEO geprägt wird.

Nur wer zuhört, kann erfolgreich sein

Interview mit Dr. Kati Najipoor-Smith,
Global CEO Practice Leader, Egon Zehnder International GmbH

Was sind aus Ihrer Sicht Best Practices zum Thema CEO-Kommunikation?

Um Ihre Frage zu beantworten, möchte ich zunächst einen Blick auf die Person des CEO werfen. Schon immer musste diese Person in der Lage sein, mit ihrer Organisation gemeinsam etwas voranzubringen und neue Ziele zu erreichen. Aber die Komplexität, die Schnelllebigkeit sowie die Anforderungen der diversen Stakeholder – das kann ich hier nicht näher ausführen – haben sich so stark verändert, dass wir auf den Punkt gebracht sagen können, dass heute niemand allein die kreativen Ideen oder die besondere Expertise, die heute gefragt sind, haben kann. Es geht also um Ko-Kreation. Um Augenhöhe. Darum, andere in die Lage zu versetzen, Großartiges zu leisten. Und das funktioniert nur, wenn die Person des CEO offen und bescheiden ist und sich voll und ganz einbringt, mit all dem, was ihre Menschlichkeit – im Businesskontext – ausmacht. All das hat natürlich Folgen für die CEO-Kommunikation sowohl in die Organisation hinein als auch nach außen. Sie ist heute sehr viel eher von einer professionellen Intimität bestimmt. Es geht dabei nicht um den CEO als Person, aber um einen persönlichen CEO, der sich einzubringen weiß, den Purpose des Unternehmens glaubhaft verkörpert. Kein CEO kann das alleine. Dazu braucht es einen Kommunikator, der professionelle Skills besitzt und über eine Beziehungsfähigkeit verfügt, die mit der Person des CEO auf Augenhöhe agiert. Das ist anspruchsvoll – und schwer zu finden. Es bedeutet auf beiden Seiten die Bereitschaft, sich aufeinander einzulassen, sich kennenzulernen und in Beziehung zu stehen, um eine Organisation voranzutreiben. Natürlich ist der CEO im Lead, aber niemals im Sinne von „Command and Control". Diese Person sollte ein Sparringspartner für den CEO sein und ihm dabei helfen, die richtigen Botschaften zu definieren und sie effektiv zu verbreiten. Klar ist auch, dass Kommunikation nur eine von mehreren Zentralfunktionen ist, die für den Unterneh-

6 Fazit

menserfolg als Business Partner wichtig sind. Genauso sollte ein CEO natürlich mit HR, Finanz oder IT zusammenarbeiten, sich intern wie extern gut vernetzen und nicht isoliert agieren.

Wie können CEOs den Erfolg eines Unternehmens durch Kommunikation positiv beeinflussen?

Unsere Studie „It starts with the CEO", in der wir knapp 1000 CEOs weltweit befragt haben, hat deutlich gezeigt: 4 von 5 CEOs (78 %) denken aktuell über ihren Führungsstil nach [3]. Das beinhaltet auch die Art und Weise, wie sie kommunizieren. Es überrascht nicht, dass Initiativen von oben – in kommunikativen Einbahnstraßen – nicht mehr funktionieren. Vielmehr sollten CEOs Kommunikation heute als ein Instrument verstehen, das in zwei Richtungen läuft und dementsprechend nicht nur senden, sondern vor allem zuhören und lernen können. Denn nur, wenn sie ihr Ohr eng am Unternehmen und an seinen Stakeholdern haben, erfahren sie, was von ihnen erwartet wird, und können diese Perspektive in die Entscheidungsfindung einbeziehen – und ihre Botschaft dann umso klarer vermitteln. Und eins ist klar: Der Erwartungsdruck, der auf CEOs lastet, ist dramatisch angestiegen und jedes einzelne Wort, das sie in Interviews oder Talkshows äußern, wird genau analysiert – von Kunden, Lieferanten, Investoren, der breiten Gesellschaft und natürlich auch von den eigenen Mitarbeitern. CEOs müssen heute sehr gute Kommunikatoren sein. Hierdurch vermittelt der CEO, wofür das Unternehmen und er selbst stehen.

Was macht einen CEO zu einem guten Kommunikator?

Zunehmend wird auf den persönlichen Auftritt geschaut, den ein CEO aufbauen kann – sei es im Unternehmen selbst oder extern, auch in den sozialen Medien. Es geht dabei nicht um Selbstdarstellung, sondern um das Geschäft und darum, wichtige Botschaften nicht anonym als Unternehmen abzusenden, sondern als Persönlichkeit, die eine klare Strategie hat und die Menschen aufgrund ihres Unternehmens-Purpose davon überzeugen kann, diesen Weg mitzugehen. Außerdem wird von CEOs mittlerweile erwartet, dass sie zu geopolitischen Fragen Stellung beziehen und gesellschaftliche Verantwortung übernehmen. Dabei muss der CEO verschiedene Interessengruppen betrachten, aber auch der eigenen sowie der Unternehmenslinie treu bleiben. Das ist nicht trivial. Dabei sind einige CEOs in die Kritik der diversen Stakeholder geraten. Wie immer hilft der Austausch mit anderen, beispielsweise erfahrenen CEOs.

Wenn wir Führungspersönlichkeiten, insbesondere CEOs, evaluieren, achten wir neben strategischen Fähigkeiten, Performanceorientierung und klassischen Führungskompetenzen heute auch sehr genau auf drei weitere Fähigkeiten: auf die Fähigkeit zur Selbstreflexion sowie auf Anpassungs- und Beziehungsfähigkeit. Diese drei Faktoren sind eng verwoben, werden aber aus unserer Sicht bislang zu wenig beachtet. Um eine gute Anpassungsfähigkeit zu entwickeln, müssen CEOs zuhören können, authentisch kommunizieren und andere inspirieren. Das geht nur dann, wenn sie ihre Fähigkeit zur Selbstreflexion schärfen und – auch mit Hilfe von Dritten – blinde Flecken, Muster und ihre Motivatoren kennen und reflektieren. Der Veränderungsdruck steigt dramatisch, und wir sind davon überzeugt, dass CEOs nur so ihr volles Potenzial entfalten und positive Veränderungen für das Unternehmen bewirken können. ◄

Gemäß dem Edelman Trust Barometer wird von CEOs erwartet, dass sie Gespräche und politische Debatten mitgestalten und beeinflussen: So sind über 70 % der Meinung, dass CEOs über Wirtschaftsthemen wie etwa Arbeitsplätze und Lohnungleichheit informieren und Gespräche darüber mitgestalten sollten. Die Mehrheit der Befragten möchte auch, dass sich CEOs zu gesellschaftlichen Herausforderungen wie etwa Technologie und Automatisierung sowie dem Klimawandel äußern.

Gleichzeitig können wir eine starke Polarisierung im Meinungswettbewerb beobachten, die eine große Herausforderung für die Unternehmen und die Unternehmenskommunikation darstellt: Diese Entwicklung mündet in ein als „Denialismus" bezeichnetes Phänomen, das das systematische Verleugnen unliebsamer Evidenzen bezeichnet. Besonders gut sichtbar ist dies in der Corona-Pandemie geworden, in der bestimmte Gruppen akribisch Gegenargumente gesammelt und ihrerseits wissenschaftlichen Anspruch auf „ihre Wahrheit" erhoben haben. Viele gehen noch einen Schritt weiter und argumentieren nur noch mit „alternativen Fakten". „Fake News" und Verschwörungstheorien – auch solche mit Bezug auf Unternehmensbotschaften – werden über soziale Medien und Messenger-Apps in Millisekunden tausendfach verbreitet. Ist der Zweifel erst gesät, lässt sich alles behaupten.

Diese Entwicklung nimmt die Unternehmenskommunikation wie ein Seismograf auf, spiegelt sie den Entscheidern im Unternehmen und kann ihnen dabei helfen, verlorenes Vertrauen zurückzugewinnen. Dabei steht auch fest: Unternehmenskommunikation befindet sich in einem permanenten Wandel und muss auf die vielfältigen Veränderungen im Umfeld reagieren:

- Politisch und regulativ nimmt die Komplexität unter anderem durch die Regulierung von Branchen und Märkten zu. Ein maßgeblicher Akteur ist hierbei die EU. Unternehmen müssen verschiedene rechtliche Rahmenbedingungen einhalten: so unterliegen etwa börsennotierte Gesellschaften detaillierten Publizitätspflichten. Ebenso sind Datenschutz und Persönlichkeitsrechte der Mitarbeiter zu berücksichtigen.

6 Fazit

Dazu kommen Erwartungen der Mitarbeiter und ihrer Vertretung, die nicht nur nach dem Betriebsverfassungsgesetz umfassend und frühzeitig involviert und informiert werden müssen. Das alles hat Auswirkungen auf die Planung und Gestaltung von Unternehmenskommunikation.

- Ökonomisch erleben wir, wie die scheinbar unaufhaltsame Globalisierung der Märkte der vergangenen Jahrzehnte durch geopolitische Fragmentierung bedroht wird, Handelsbarrieren nehmen wieder zu, mit nachteiligen Auswirkungen auf internationalen Wettbewerb, auf Produktionsstandorte oder Technologien. Industrie- und Innovationspolitik wird zunehmend mit Sicherheits- und Geopolitik verknüpft. Diese Entwicklung ist auch für Mitarbeiter spürbar, wenn Unternehmen oder Standorte strukturell verändert oder geschlossen werden.

  Professionelle Unternehmenskommunikation hilft hier, unternehmerische Entscheidungen und Transaktionen zu managen und überzeugend zu erklären. Das gilt für interne wie externe Anspruchsgruppen: Kunden, Mitarbeiter, Lieferanten, Kapitalgeber, Anteilseigner. Dazu kommen Verbände, Gewerkschaften, Aktivisten, Kommunen, Behörden, Regierungen, und auch die Wettbewerber. Unternehmen stehen heute nicht nur mit ihren Produkten und Services im Wettbewerb, sondern auch mit ihrer Kommunikation, die sich als zentraler Pfeiler der Unternehmensführung etabliert hat. Eine fehlerhafte oder fehlende Kommunikation wird zum Dealbreaker.

- Gesellschaftlich agieren Unternehmen in einem Umfeld, das neben der Vertrauenskrise der Institutionen auch von einem allgemeinen Wertewandel geprägt ist. Der zeigt sich in offensiven, weltanschaulichen Debatten um Klimawandel und Zuwanderung, Wachstum und Globalisierung, demografischen Wandel oder die Folgen der Digitalisierung. Diese Entwicklung führt dazu, dass Unternehmen zunehmend gesellschaftliche Verantwortung übernehmen müssen. Die kritischer werdende Öffentlichkeit will, dass Unternehmen eine klare Haltung entwickeln und ihr Handeln erklären.

  Diese Forderungen kommen nicht allein von außen, sondern auch die Beschäftigten wollen sich mit ihrem Arbeitgeber identifizieren und zunehmend Antworten auf persönliche Fragen nach Sinn und Selbstentfaltung, Diversity oder Work-Life-Balance bekommen.

- Technologisch ist die Digitalisierung der Haupttreiber des Wandels. Unternehmenskommunikation findet auf deutlich mehr Kanälen statt und sie erreicht sehr unterschiedliche Zielgruppen mit jeweils anderen Bedürfnissen. Das klassische, unidirektionale Sender-Empfänger-Modell hat ausgedient, die Trennung zwischen Produzent und Rezipient der Kommunikationsinhalte ist aufgehoben. Die Funktion der Journalisten als Gatekeeper weicht in der digitalen Mediengesellschaft auf.

All dies verändert die Anforderungen an Tempo, Tools und Skills der Unternehmenskommunikation, denn im Netz und auch im internen Dialog zwischen Unternehmensleitung und Mitarbeitern droht der Verlust der Deutungshoheit, wenn man diese Chance nicht nutzt. Unternehmenskommunikation ist deshalb gut beraten, vielfältiger und kurzfristiger auf einzelne Zielgruppen und Situationen zugeschnitten zu reagieren. So fördert Technologie die Entwicklung einer völlig neuen Kommunikationskultur.

Vieles in der Unternehmenskommunikation ist also im Umbruch, ohne dass es die eine Richtung gäbe, in die sich die Profession entwickelt. Gut ausgebildete Profis in der Kommunikation werden zum zentralen Treiber und Gestalter der Disziplin.

Kommunikation als wichtiger Navigator für Unternehmen

Hans-Gerd Bode,
langjähriger Kommunikationsverantwortlicher in der Automobilindustrie

Die Basis guter Zusammenarbeit, nicht nur im Bereich Kommunikation, liegt im Vertrauen und im Vermögen der Beteiligten, Sachverhalte zu erkennen, zu analysieren, sie in den Zusammenhang zu stellen und daraus die notwendigen Schlüsse zu ziehen.

Ein guter Kommunikator ist zunächst mal ein Zuhörender, er ist Berater und vor allem Analysator. Er schaut sich Zusammenhänge an, recherchiert nach innen und nach außen und entwickelt daraus eine Kommunikationsidee. Um die Idee in die Tat umzusetzen, muss er zunächst die Beteiligten überzeugen. Es geht nicht um seine Idee, es geht um das Wohl des Unternehmens. Nicht er steht im Mittelpunkt, das Thema ist das Entscheidende. Kommunikation ist dabei eine Dienstleistung, sie navigiert durch Sachverhalte, sie setzt Impulse fürs Unternehmen.

Die Zusammenführung von Menschen und das Integrationsverständnis sind dabei maßgebend. Moderne Kommunikation ist keine Ein-Personen-Show, es

6 Fazit

geht darum, die vielen internen und externen Stakeholder abzuholen, ihre Meinung zu hören und diese einfließen zu lassen.

Egal in welcher Form eines Unternehmens, ob als kleines Start-up, als etablierter Mittelständler oder als gewachsener Groß-Konzern, die Menschen bestimmen die Sachlage. Dem Kommunikator fällt dabei häufig die Rolle des Moderators zu. Er muss die wesentlichen Implikationen berücksichtigen, in vielerlei Zusammenhängen auch die rechtlichen Rahmenbedingungen mit den Fachexperten diskutieren. Wichtig dabei ist: Kommunikation ist ein Teamsport, nicht der Einzelne ist der Entscheidende, die Kommunikation muss einen Vorschlag entwickeln, einen Konsens zwischen den Beteiligten erarbeiten und dies dann nach außen vertreten.

Miteinander sprechen und nicht gegeneinander agieren, ist die zentrale Voraussetzung für eine gelungene Kommunikation. Dies gilt intern wie extern. Natürlich sind die vielfältigen internen Kenntnisse und die Details wesentlich, vieles davon ist aber für die Kommunikation nicht geeignet. Es müssen Zweckgemeinschaften gebildet werden. Die fachliche Expertise muss übersetzt und so dargestellt werden, dass sie allgemein verständlich ist und die Interessen des Unternehmens im Mittelpunkt hat.

Gerade in Krisensituationen ist es wesentlich, zunächst festzustellen, wer innerhalb eines Unternehmens zur Klärung des Sachverhaltes beitragen kann. Häufig benötigt dies Zeit. Zeit, die vor allem in der heutigen digitalen Kommunikationswelt kaum vorhanden ist. Wenn wir heute Beispiele wie den Elchtest bei der Mercedes A-Klasse betrachten, dann müssen wir konstatieren, Radio, Fernsehen und Print standen damals im Mittelpunkt, alle haben sich auf das Thema gestürzt. Das Vorhandensein von digitalen Medien hätte die Thematik dramatisch verändert. Die sachlichen und zeitintensiven Versuche und die daraus resultierenden technischen Vorschläge haben rund vier Wochen in Anspruch genommen. Ein Zeitraum, den heutige Krisenszenarien nicht mehr zulassen.

Umso wichtiger ist es, zielgerichtet zu agieren. Klar ist, hochkomplexe Zusammenhänge erfordern in ihrer Aufarbeitung Zeit. Wichtig für die Kommunikation ist dabei, nicht kopflos zu agieren. Zwischenstände müssen kommuniziert werden, nicht voreilig und vorschnell, aber auch nicht zu langsam, denn eine Nicht-Kommunikation eröffnet Spielräume zu Interpretationen.

Nehmen wir das Beispiel der Softwaremanipulationen im Volkswagen Konzern, plakativ gerne als „Dieselgate" oder „Abgasskandal" bezeichnet. Das Vertrauen in das Unternehmen wurde nachhaltig beschädigt. Ein zögerlicher, oder auch nur als zögerlich wahrgenommener Umgang mit den Vorwürfen wird von der Öffentlichkeit als unzureichend wahrgenommen. Dabei sind Dimensionen und Hintergründe einer Krise ad hoc meistens nicht erkennbar und eine Aufarbeitung benötigt eine gewisse Zeit, die (im Namen des öffentlichen Interesses) nicht gerne gewährt wird. Klar sollte aber allen Beteiligten immer sofort sein: Die Rückgewinnung von Vertrauen ist das zentrale Asset für den künftigen Erfolg.

Wie gut das gelingen kann, hängt von den handelnden Personen ab. Der Kommunikation fällt dabei die Rolle des Integrators zu, nicht Schuldzuweisungen bringen in schwierigen Situationen die Handelnden weiter, es geht vielmehr darum, die richtigen Lehren aus den Geschehnissen zu ziehen und sicherzustellen, dass vergleichbare Sachverhalte künftig nicht mehr passieren können.

Die Kommunikation ist ein wichtiger Navigator für das Unternehmen. Sie muss nicht nur die externen Einflussfaktoren verstehen, sondern auch die internen Abläufe und Strukturen. Sie muss die Handlungsspielräume einschätzen und die richtigen Handlungsempfehlungen ableiten. Kommunikation steht dabei vor allem für Transparenz. Sie muss alle relevanten Unternehmensthemen erfassen, priorisieren und über alle Kanäle hinweg mit einer einheitlichen Stimme sprechen.

Kommunikation ist von fundamentaler Bedeutung, gerade für die Unternehmensleitung ist sie das wesentliche Mittel, um mit allen Mitarbeitern zu interagieren. Die Grenzen zwischen innen und außen sind zunehmend fließend, d. h. Kommunikation muss insgesamt schneller agieren. Vor allem Silo-Denken muss dabei der Vergangenheit angehören. ◄

Gerade weil der Wandel so allgegenwärtig ist – politisch, ökonomisch, gesellschaftlich und technologisch – ist gute Führung und damit Orientierung heute so zentral. Mitarbeiter verlassen nicht das Unternehmen, sondern ihren Chef, heißt es. „Command and Control" war früher; heute ist Vertrauen ein wesentlicher Schlüssel für den Teamerfolg, ebenso wie der Faktor „Psychologische Sicherheit". Im Projekt „Aristoteles" analysierte Google 180 Teams, um Muster zu finden, die den Teamerfolg erklären [2]. Zentrales Ergebnis: Teamerfolg hängt nicht nur von der Auswahl der richtigen Mitarbeiter oder von klaren Teamrollen ab, sondern das Zusammenspiel der einzelnen Teammitglieder und ihr Umgang miteinander ist entscheidend. Glauben die Mitarbeiter, dass sie keine negativen Konsequenzen bei Fehlern befürchten müssen, trauen sie sich eher, Risiken einzugehen, indem sie eigene Ideen beitragen oder selbst Entscheidungen treffen.

Der Führungskraft kommt in dieser Veränderung eine starke Rolle zu: Sie sollte die Teammitglieder respektvoll und wertschätzend dazu ermutigen sich einzubringen. In Projekten statt in Hierarchien kann so jeder Führung übernehmen. Das ist nicht nur eine große Chance für den Einzelnen, Zukunft mitzugestalten, sondern auch für die gesamte Organisation, alle Kompetenzen und Potenziale für sich zu nutzen.

Dieser Wandel verändert die Erwartungshaltung der Kommunikationsprofis an ihre Gestaltungsspielräume, mit Folgen für die Struktur, das Selbstverständnis und die Sichtbarkeit der Unternehmenskommunikation in der eigenen Organisation. Kommunikationsabteilungen können in der Transformation Vorreiter sein und zeigen, wie agile Arbeitsweisen und New Work im Unternehmen aussehen.

In einem solchen Umfeld kann die Unternehmenskommunikation ihrer ureigenen Aufgabe gerecht werden: die Unternehmensleitung auf Augenhöhe zu beraten und kompetent im Rahmen der Unternehmensführung zu unterstützen. Es geht hier um viel mehr als um ein „gutes Image". Gute Kommunikation ist die Grundlage für eine Kultur, in der Mitarbeiter und Führungskräfte gerne und mit einem hohen Engagement arbeiten. Sie schafft eine attraktive Marke, die Kunden gerne (wieder) kaufen, und sie sorgt für eine faire Bewertung des Unternehmens – ob am Kapitalmarkt oder in der öffentlichen Meinung.

Professionelle Unternehmenskommunikation hat viele Facetten. Sie hilft dabei, Reputation und Handlungsspielräume aufzubauen und zu schützen und leistet damit einen strategischen Wertbeitrag zum Unternehmenserfolg. Vertrauen Sie den Profis und verzichten Sie auf langwierige Freigabeketten von Inhalten, mit denen sich Fachabteilungen und Hierarchen gerne ihrer selbst versichern. Wie anders als mit Kreativität und Mut kann Kommunikation der Vielfalt und dem Tempo der Veränderung gerecht werden?

Literatur

1. https://www.edelman.com/trust/trust-barometer. Zugegriffen am 15.06.2022.
2. https://rework.withgoogle.com/print/guides/5721312655835136/. Zugegriffen am 15.06.2022.
3. https://www.egonzehnder.com/de/it-starts-with-the-ceo. Zugegriffen am 15.06.2022.

The manufacturer's authorised representative in the EU is Springer Nature Customer Service Centre GmbH, Europaplatz 3, 69115 Heidelberg, Germany. If you have any concerns regarding our products, please contact ProductSafety@springernature.com

Printed and bound by CPI Group (UK) Ltd, Croydon, CR0 4YY

25/03/2026

02078182-0007